李贺传

王礼锡 著

民主与建设出版社

·北京·

© 民主与建设出版社，2024

图书在版编目（CIP）数据

李贺传 / 王礼锡著 . -- 北京 : 民主与建设出版社，
2024.4

ISBN 978-7-5139-4533-2

Ⅰ . ①李… Ⅱ . ①王… Ⅲ . ①李贺（790-816）- 传
记 Ⅳ . ① K825.6

中国国家版本馆 CIP 数据核字（2024）第 054011 号

李贺传
LI HE ZHUAN

著　　者	王礼锡	
责任编辑	唐　睿	
封面设计	言　成	
出版发行	民主与建设出版社有限责任公司	
电　　话	（010）59417747　59419778	
社　　址	北京市海淀区西三环中路 10 号望海楼 E 座 7 层	
邮　　编	100142	
印　　刷	衡水翔利印刷有限公司	
版　　次	2024 年 4 月第 1 版	
印　　次	2024 年 4 月第 1 次印刷	
开　　本	880mm×1230mm　1/32	
印　　张	6.5	
字　　数	120 千字	
书　　号	ISBN 978-7-5139-4533-2	
定　　价	42.00 元	

注：如有印、装质量问题，请与出版社联系。

　　《李贺传》，原名《李长吉评传》，是王礼锡先生《物观文学史丛稿》中最先写定的一本。作者尝试用唯物史观的方法，从社会现实、诗歌演变规律，以及诗人个人的经历和心态等多方面，探寻影响李贺诗歌风格形成的多种因素。

　　本书以1930年上海神州国光社出版的《李长吉评传》为底本，由于成书年代较早，某些字词和标点用法与现行不同，书中直接进行了修订，不一一出注。基于原书中的《李长吉年谱》过于简略，故本书未采用，而以朱自清的《李贺年谱》附后替之。书中所引李贺诗文，主要参校上海古籍出版社的清代王琦等评注《三家评注李长吉歌诗》，订正错漏。另亦参校王友胜、李德辉校注《李贺集》，清代彭定求等编《全唐诗》等。

　　此外，本书附录另行增补了一些与李贺相关的资料，可供读者与前文对照阅读，以便对诗人有更全面深入的了解。其中诗选部分收录了李贺的多首作品，尤其是前文只提到诗题或个别诗句的，这里可以看到整首诗的全貌，以供读者赏鉴。

用唯物史观的方法来整理中国的文学史，这是一个大胆的冒昧的尝试。

中国的出版界一直到现在还没有一部标准的中国文学史出现。目前最流行的几种中，有的是以很隘狭的观点，去作机械的形式的整理；有的是包举中国历史上的一切学问，作汛滥的论述。不但根据社会经济政治的变迁，来研究文学的发展，是不曾有过这样的书，就用正确的文学的眼光来作史的叙述，也还不曾出现于中国的出版界。

因此，我就大胆地有这个《物观文学史》的尝试。

但这是一个很大的工程。目前就有几个大的困难梗阻着：一，中国还没有一部很好的文化史，尤其关于经济一方面，熟制的材料是太少了，若要写一部很好的文学史，材料的搜集几乎可衰辑 ① 一部文化史或经济史；二，文学是上层的上层建筑，

---

① 衷（póu）辑：辑录。——编者注。本书注释若无特别说明，均为编者所加。

除了经济的关系以外，政治、风俗以及个人的气分等，都有极密切的关系，没有详细的一个时代的研究及一个代表作家的研究，则整部文学史建立不起来。

现在先将研究所得，一册一册地先后印行，内容包括一个时代的通论，和代表作家的评传，统名为《物观文学史丛稿》。发行这个丛稿的意思：第一，督促我自己继续不断地写；第二，希望得着严格的批评，而得以逐渐改善；第三，希望抛砖可以引玉，很快地有一部更好的物观文学史出现。

长吉评传的最先写定，一方面是为着个人的兴趣，想追索这鬼才的物观根源；一方面是为长吉在文学史上的地位从来被人忽略，乃至在某几种文学史中找不出一个姓名，故作有意的标举。

六朝和唐代的诗歌发展的轮廓，亦就很粗浅地在长吉评传中描画下来，同时为着避免头重脚轻起见，不能充分地引用许多材料。在最短期间，我当努力将六朝及唐代的诗歌史纲写定，以弥补这个缺陷。

一九三〇，六，二十

王礼锡自序于榊丸

目录 CONTENTS

一

从物观的立场追寻
长吉诗的来路

- 唐代文学是南北文学的调和时期
- 初唐是南北文学合流的初期
- 盛唐是南北诗调和的纯熟时期
- 中唐是反纯熟时期
- 长吉在韩愈、元白两派外自成一家

无论哪一种文学，绝不是凭空发生，一方面它是应客观的需要，一方面是有历史的根源。假使认识了客观的需要，把捉了历史的根源，来考察一种文学的所以形成，它是无所遁形的。长吉被人称为鬼才，其诗被人称为鬼语，在中唐突出这样一支异军，似乎很可怪。其实如果加以物观的分析，其原因不难立见。

唐代的文学是南北文学的调和时期。

在南北朝的时候，北方是农业经济自足的社会，被外来的游牧民族所征服，所以北朝的作品是农业社会色彩中带着很浓厚的游牧社会气分。至于金迷纸醉的南朝的社会则是在贵族政治之下，商业资本在突飞猛进地孕育着。所以南朝的作品在贵族的高华的气息中，披着城市的金迷纸醉的外衣。北朝诗举两首为例：

垄种千口牛，泉连百壶酒。

朝朝围山猎，夜夜迎新妇。

（高昂《征行诗》）

敕勒川，阴山下。

天似穹庐，笼盖四野。

天苍苍，野茫茫，风吹草低见牛羊。

（《敕勒歌》）

南朝诗举两首为例：

西北秋风至，楚客心悠哉。

日暮碧云合，佳人殊未来。

露彩方泛艳，月华始徘徊。

宝书为君掩，瑶琴讵能开？

相思巫山渚，怅望阳云台。

膏炉绝沉燎，绮席生浮埃。

桂水日千里，因之平生怀。

（江淹《休上人怨别》）

岸烟起暮色，岸水带斜晖。

迳狭横枝度，帘摇惊燕飞。

落花承步履，流涧写行衣。

何殊九枝盖，薄暮洞庭归。

（徐陵《春日》）

　　隋的统一是北方羡慕南方的繁荣的结果。北方的武力征服了南方的武力，而南方的商业资本经济伸张到北方，南方文学的势力，也跟着经济的势力向北方发展（其实在隋以前已经有这个趋势）。南北文学于是短兵相接而发生一个激荡，"反对文体轻薄"这个号召虽然是震动一时，然而抵抗不了经济势力所裹挟而来的南方文体。

　　初唐是南北文学合流的初期。南方诗体的不可当之锋在初唐得到了最后的成就——律诗；北方的壮健的诗体却由一个南方人——陈子昂来提倡而形成一派新兴的势力。在这南北诗体的交流中，依然扞格①不入，不能完成一个中和的融合。不过为着当时帝王的提倡，和久乱后在刀枪下消纳了剩余人口，社会得到较久的安定，商业资本又因为社会的安定而愈益发达，所以南方旖旎的诗体依然掩盖了北方的壮健。

　　太宗谓侍臣曰："朕戏作艳诗。"虞世南便谏曰：

---

① 扞（hàn）格：互相抵触。

"圣作虽工，体制非雅。上之所好，下必随之。此文一行，恐致风靡。而今而后，请不奉诏。"(《大唐新语》)

神龙之际，京城正月望日，盛饰灯影之会。金吾弛禁，特许夜行。贵游戚属及下隶工贾，无不夜游。车马骈阗①，人不得顾。王主之家，马上作乐以相夸竞。文士皆赋诗一章，以纪其事。作者数百人。(《大唐新语》)

十月，中宗诞辰，内殿宴，联句。……帝谓侍臣曰："今天下无事，朝野多欢，愿与卿等词人时赋诗宴乐。可识朕意，不须惜醉。"(《全唐诗话》)

中宗正月晦日幸昆明池赋诗，群臣应制百余篇。帐殿前结彩楼，命昭容选一首为新翻御制曲。群臣悉集其下。须臾，纸落如飞；各认其名而怀之。惟沈佺期、宋之问二诗不下。移时，一纸飞坠。竞取而观，乃沈诗也。评曰："二诗功力悉敌。沈诗落句云：'微臣雕朽质，羞睹豫章材'，盖词气已竭。宋诗云：'不愁明月尽，自有夜珠来'，犹陡健举。"沈乃服，不敢

---

① 骈阗（tián）：罗布，连续。

复争。(《全唐诗话》)

在这样帝王提倡之下，应运而生的自然是官僚式的馆阁体。并且在时局混乱的时候，有特殊才智的人，很容易突破这封建的堡垒而有所表现。雌雄既分，统治遂定，才智之士不归于附逆而受镇压，则归于新朝而规规于歌功颂德阿意逢迎的工作，开国之际纪纲又严，即有不得志之士，亦不敢作不平之鸣。在这样情形之下，自然更适宜于纯粹南方诗体的发展。

及至承平既久，官僚阶级已形成一个特殊势力，从贵族沦落或从田亩出身的知识阶级——未得志的小资产阶级性的士大夫阶级分子——很难取得权位，以充分发挥其支配欲。同时太平之世，民间以有剩余经济之故，可以产生多量的知识分子。所以这个时期的诗体极为广大。官僚阶级的诗自然仍是馆阁气很重。至于不得意的诗人，一方面也作官僚式的诗和乐府歌词以图幸进；却同时依着各人主观的性情不同而形成两种趋势：一种是热中①的人，他们的满腔热血无处发泄，便以妇人醇酒浪费其生命，或沉入愁苦的深渊作个人主义的感伤，这样便形成浪漫派的一流诗；一种是性情恬淡的人，他们寄情于山水之中，放浪于形骸之外，把一切穷通得丧，都消失在大自然中，这样便形成自然派的一流诗。李白等人是属于前派，王孟等人则属

---

① 热中：今多作"热衷"。谓急切地追逐名利权势，或对某种活动很喜好。

于后派。在这一个时代中，出了一个伟大的天才，便是杜甫。他的诗包罗以上的各体。尤其是经过天宝之乱，眼见民生疾苦，而他的写实的诗体亦因此得以形成。所以诗至盛唐，而各体具备。而杜甫又是盛唐的一个缩影，也可说是一个总结。

在这一个时期，南北的诗体已经很纯熟地调和了，古诗已经不像北朝诗体的粗犷，南朝诗体亦已结晶而成律诗，并且应用得很自然了。所以盛唐是南北诗调和的纯熟时期。

现在谈到中唐。我们的诗人——李长吉便是这个时代的人物。

诗体到了中唐，自然要起一个变化。这个变化之起是有历史的根源，和社会的背景的。

第一，是盛唐诗体过于纯熟的反动。

第二，在大乱之后，中和纯正之音，不能满足乱后的人需要辛辣的强烈的刺激的要求。

第三，"自开元以来，歌者杂用胡夷里巷之曲。"（《音乐志》①）天宝乱后，庙堂的一切尊严又都经过一次摧毁。宫廷音乐，参加民间的成分一定不少，同时也有不少的流传到民间。就是民间与庙堂的音乐的一个大混合。所以这时的妓女以及私家的姬妾所歌唱的已不仅是里巷之旧曲，而能谱文人的新调；而宫廷

---

① 此处指《旧唐书·志第十·音乐三》。

的音乐也不是板着脸孔的法曲①所能满意，由里巷之音传入了不少的文人的新词。应着这个时代的新趋势，自然应有一种新的诗体突起。

这个新体的总要求，就是对旧体的革命。所谓旧体，就是南北诗体调和得最纯熟的诗体。所以中唐是反纯熟时期。因为反对中和的纯熟，所以产生站在两个极端的诗体。

在这个时代有一个大散文家——韩愈出世，他的才很大，突破了八代的偶俪的拘束的文体。在诗的领域内，他亦使用他的用之于散文的方法来革命。这个方法便是"以文为诗"。凡在散文中所用的一切辞，一切句，一切意，他都可用之于诗。站在这一边的，便是卢仝、张籍等人。

元稹、白居易又站在一边，他们是"以语为诗"的。元稹上宰相书曰："律体卑痹，格力不扬。苟无姿态，则陷流俗。常欲得思深语近，韵律调新，属对无差，而风情宛然。"②白居易与元稹书曰："仆常痛诗道崩坏，忽忽愤发，或食辍哺，夜辍寝，不量才力，欲扶起之。"③所谓律体卑痹，诗道崩坏，便是很显然地对以前的诗体不满，于是提倡"思深语近"之诗。这个方法

---

① 法曲：亦称"法乐"。原为含有外来音乐成分的西域各族音乐，传至中原地区后，与汉族的清商乐相结合，后发展为隋代法曲。唐代法曲又掺杂道曲而发展至极盛。著名法曲有《赤白桃李花》《霓裳羽衣曲》等。

② 元稹《上令狐相公诗启》。

③ 白居易《与元九书》。

便是"以语为诗"。以语为诗为方法也不是凭空而起，它是应妓女度曲和朝廷采风的需要。所谓采风，并非真正设官采集民间的歌谣，不过是朝廷与里巷的歌曲打通了以后，宫廷常常取民间美妙的新词给帝王消遣。它因为应着这一个普遍的广大的要求，自然盛极一时。当时这类诗的形式就叫作元和体。

在这两种诗体对立中间，有一支异军特起，在当时虽不能形成一个有力的派别，但已表示了惊人的力量。在千军万马之中，这单刀匹马冲围突阵的勇士就是二十七岁的短命诗人李长吉。假使天假以年，绝不必到晚唐及初宋才由小邦蔚成大国。

这位诗人因为曾受过韩愈的帮助，所以从来论诗的人把他归到韩愈的麾下，忽略他自成一派的领导地位。其实这位年轻的诗人威风是十足的。

> 元相国稹年老，以明经擢第，亦攻篇什，常愿交结于贺。一日，执贽造门，贺览刺不容。遽令仆者谓曰："明经擢第，何事来看李贺？"相国无复致情，惭愤而退。(《剧谈录》)

上则是《剧谈录》所载，真假不可得知。但他这样的气概是真的，看他自己的《公莫舞歌》的序就会知道：

《公莫舞歌》者，咏项伯翼蔽刘沛公也。会中壮士，灼灼于人，故无复书。且南北乐府率有歌引。贺陋诸家，今重作《公莫舞歌》云。

"贺陋诸家"，是何等自负！真有开创者气象。在他的诗中，这样自负的事是很多的。

他的诗体既不能归之昌黎"以文为诗"的一类，又不能归之元白"以语为诗"的一类。他是冷、艳、奇、险，自成一家。奇险是由于盛唐格律中和的反动，和社会在乱后需要强烈的刺激。冷是由于社会衰疲的反映，和他自己性情的消极。而性情的消极又是由于他身体的衰弱，和遭际之不良。艳是由于他的青年的情调和乐府曲词的需要。供人娱乐的东西既经衰飒而又淡素是极不相宜的。

唐代的诗有一个极大的趋势，就是从官僚酬应，而转到实际入乐。固然，初唐、盛唐文人的诗之播于管弦，亦未尝没有，不过没有中唐的普遍。李长吉诗不能入乐的很少。《唐书·文艺传》[①]云："未始先立题然后为诗，如它人牵合程课者。"所以他的诗完全脱离了馆阁体的官僚习气。至于他的诗是多可以入乐的证据，在史传与笔记一类书中，是屡见不鲜的。

---

① 此处指《新唐书·列传第一百二十八·文艺下》。

其乐府词数十篇，至于云韶乐工，无不讽诵。(《旧唐书》)

乐府数十篇，云韶诸工，皆合之弦管。(《新唐书》)

张司业籍善歌行，李贺能为新乐府，当时言歌篇者，宗此二人。(《因话录》)

李贺乐府数十首，流播管弦。李益与贺齐名，每一篇出，乐人辄以重赂购之。乐府称为二李。(《谈荟》)

这是长吉诗播之管乐的证据。

寒食诸王妓游，贺入座，因采梁简文诗调赋《花游曲》与妓弹唱。(长吉《花游曲·自序》)

申胡子，朔客之苍头也。朔客李氏，亦世家子，得祀江夏王庙。当年践履失序，遂奉官北部，自称学长调短调，久未知名。今年四月，吾与对舍于长安崇义里。遂将衣质酒，命予合饮。气热杯阑，因谓吾曰："李长吉，尔徒能长调，不能作五字歌诗。直强回笔端，与陶、谢诗势相远几里。"吾对后："请撰《申胡子觱篥歌》。"以五字断句。歌成，左右人合噪相唱。朔客大喜，擎觞起立，命花娘出幕，徘徊拜客。吾问所宜。称"善平弄"，于是以弊辞配声，与予为寿。(长吉《申胡子觱篥歌·自序》)

这是他的诗在妓女中及私家姬妾中的势力。

所以长吉的诗，其历史的根源，是南北诗体调和得最纯熟之后，渐渐地陷入板滞的格律的反动；其阶级立场，是由贵族蜕化的小资产阶级性的士大夫阶级，所以他的诗的内容多是个人主义的感伤与娱乐；其客观的需要，是乱后的强烈的刺激的要求，和朝野乐曲混合后，"法曲"式的宫词、里巷的旧调，皆已厌倦，而需要多量的新的歌曲的供给。

长吉生平的考证

- 短命诗人李长吉
- 虚弱多病相貌怪
- 因父名殃及功名
- 灰心失意不应举

生殁的考证

李贺字长吉，生于贞元七年（791），卒于元和十二年（817），和英克慈（John Keats）①同是二十七岁的短命诗人。

他的年岁历来亦稍有争议。《旧唐书》《太平广记》都是说他仅有二十四岁。自然无论什么材料更没有比他并世诗人杜牧之、李商隐的《诗序》和《小传》②还靠得住的了。所以《新唐书》亦就依据《序》《传》改定，作二十七岁。后来却有一人推算得太奇，竟说他生于建中二年。建中二年到元和十二年是三十七年。生数百年后替长吉加寿十年，若果有益于长吉，也算快事。这推算的是姚文燮。但卒年也是他所推定，虽然这推

---

① 即约翰·济慈（1795—1821），19 世纪初期英国诗人。与雪莱、拜伦齐名，被推崇为欧洲浪漫主义运动的代表。

② 杜牧《诗序》指《李贺集序》（又名《太常寺奉礼郎李贺歌诗集序》《李长吉歌诗叙》）。李商隐《小传》为《李贺小传》（又名《李长吉小传》）。

算法并不很难，但究竟功不可没。他说：

> 昌谷生二十七岁，然无年谱可考。第揆之杜牧之
> 《序》，则太和五年称贺死后十有五年矣，自太和五年
> 溯之，是贺卒于元和之十二年丁酉。(姚文燮《昌谷集
> 注凡例》)

这是很可靠的了。但田北湖却说他生于贞元六年，卒于元
和十一年，不知他怎么算法。自太和五年至元和十一年只有
十四年，无论如何算不出十五年来。田氏又说他在元和三年举
进士，是年长吉十八岁。贞元六年到元和三年是十九岁。可见
他自己矛盾。

里籍的考证

长吉的里籍亦得费一番考证。若杜牧的《序》，李商隐的
《传》里面提及一句，我们就省得辞费了。幸新旧《唐书》都曾
说"出郑王后"，所以还有迹可循。唐封宗室，有大小二郑王
房：大郑王是郑孝王亮，出自太祖；小郑王是郑惠王懿，出自
高祖（此按表可索，田氏以为高宗，或系偶误）。长吉是出自大
郑王，还是出自小郑王？田北湖断定他出自大郑王房，很对。

不过他考证得太迂曲，我们可以这样直截地证明：

一 说郑王，便是大郑王；如说《汉书》，便是《前汉书》。

二《宗室世系表·大郑王表》即标"大郑王房"，《小郑王表》标曰"小郑王称惠郑王房"。可见若出小郑王房，必称系出惠郑王了。

他的生地连新旧《唐书》都不载。世俗因为他有"陇西长吉摧颓客""刺促成纪人"等诗句，误会他的生地是陇西成纪；和李白因"白本陇西布衣"误作陇西人，因"学剑来山东""我家寄东鲁"等诗句，误作山东人是一样的望文生义。况且长吉更不致有误会的道理，因为《唐书》既有出于郑王的明文，哪会生于陇西呢？但到底生于何地，我们不能不加以考证。注长吉诗的王琦等，都已考证过，最精详的要算田北湖。下面把他两段话录下：

一 孝王亮子孙多留东都，且十世矣。世称贺居陇西，大误。

二 使贺居长安以西，则其在京思家之句曰："家山远千里，云脚天东头。"又曰："今将下东道，祭酒而别秦。"其自家诣京之句曰："又将西适秦。"何东西颠倒之屡也！《忆昌谷山居》曰："犬书曾去洛，鹤病悔游秦。"其他秦洛对举者，实数数见。凡云洛者指家而

言；云秦者，指京而言也。又《送弟之庐山》云："洛
郊无俎豆。"是其家在洛阳确无疑义。

有这两个证据，他的生地在洛而不在陇，显而易见。此外
还有一个直截的证据——他的故居昌谷。证明昌谷的所在地，便
用不着争辩了。不过昌谷所在地，也被后人因为陇西而连带错
误了。以下把各种可证明昌谷所在地的证据条列：

一 集中第三卷有《自昌谷到洛后门》诗。

二 《困学纪闻》："张文潜《春游昌谷访长吉故居》云：'惆
怅锦囊生，遗居无复处？'在河南福昌县三乡东。"

三 张文潜又有《福昌怀古》诗，亦指长吉宅。

四 《隋书》："福昌宫在洛阳南山。"

五 王琦云："《河南志》'昌谷水在河南府宜阳县西九十里，
旧名昌河，又名刀镮川，源出陕州，流经永宁、宜阳县界入
洛'。疑昌谷山居当在此间。"

六 福昌县唐改名宜阳。

就第一条可见昌谷在洛后门外。就第六条可见各条所说福
昌，即《河南志》所说的宜阳。就第四条可见张文潜《怀古》
的福昌，就是洛阳南山的福昌。可证生地在洛阳，更无疑义。
福昌离长安八百余里，《崇义里滞雨》篇："家山远千里。"正相
符合。

长吉的家庭

长吉父名晋肃（《太平广记》作瑨肃①，与韩愈《讳辩》不符，自当从韩），卒于长吉二十岁以前。《太平广记》："年未弱冠，丁内艰。"内字当是外字之误②，因为长吉死后，他的母亲还有一段梦长吉被征为上帝记白瑶凝虚的故事。他父亲的名字，阻碍了长吉上进之路。长吉举进士时，同时应举的人，当然认为长吉是必中。长吉既是一个必中者，则应举者之中自然有一个必被长吉挤落者。恰好那时受过长吉奚落的人倡讳嫌名之说，大家都怕这"被挤落"的不幸落到自己身上，于是群焉和之。所谓避嫌名，就是晋肃之晋和进士之进是同音，假使中了进士之后，被叫作李进士时，岂不像晋肃的兄弟吗？这一个巧妙的办法，居然似乎言之成理，虽然有老吏断狱式的韩愈的《讳辩》："父名晋肃，子不得举进士，若父名'仁'，子不得为人乎？"且在《讳辩》里还破口大骂，骂他们是宦官宫妾。但是为了切身的利害，理论值什么钱呢！因此长吉的进士仍不得举。晋肃真不知道他的名字会殃及他儿子的功名！

---

① 《太平广记》卷第四十九"李贺"条作"晋肃"，卷第二百二"韩愈"条作"瑨肃"。

② 母丧为"内艰"，父丧为"外艰"。

母夫人姓郑。她是一个慈祥而有诗意的女人。她非常地爱惜她的儿子，在下面的一个故事中充分表现她的母爱：

> 每旦，日出，骑弱马，从小奚奴，背古锦囊。遇所得，书投囊中……及暮归，足成之，……母使婢探囊中，见所书多，即怒曰："是儿要呕出心乃已耳！"

这样一句有风趣而富于诗意的话，一直流传到现在成为一极普遍的名言。

她的母亲又富于诗意的想象。长吉死的时候，从她的诗意的想象中幻出一个梦境以自解其对儿子的忧念。

> ……其先夫人郑氏，念其子深。及贺卒，夫人哀不自解。一夕，梦贺来，如平生时，白夫人曰："某幸得为夫人子而夫人念某且深，故从小奉亲命，能诗书，为文章，所以然者，非止求一位而自饰也。且欲大门族，上报夫人恩。岂期一日死，不得奉晨夕之养？得非天哉！然某虽死，非死也，乃上帝命。"夫人讯其事。贺曰："上帝神仙之居也。近者迁都于月圃，构新宫，命曰'白瑶'，以某荣于词，故召某与文士数辈，共为新宫记。帝又作凝虚殿，使某辈篆乐章。今为神

仙中人，甚乐，愿夫人无以为念。"既而告去。夫人
寤，甚异其梦，自是哀少解。(《太平广记》)

长吉早婚，结婚在十八岁前。妻不知姓氏，他结婚的年龄
从下面的证据推定：

他的诗中关于妻的有下面一首可作考证的资料。

> 雪下桂花稀，啼乌被弹归。
>
> 关水乘驴影，秦风帽带垂。
>
> 入乡试万里，无印自堪悲。
>
> 卿卿忍相问，镜中双泪姿。
>
> (《出城》)

"雪下桂花稀，啼乌被弹归"，二句都是指为人中伤致不得
举进士而言。他是十八岁（元和三年）入京举进士，留京三年
归（考证详后）。所以断定他是十八岁以前结的婚。

《后园凿井歌》似是新婚时所作。长吉诗多凄黯，此诗独有
及时行乐、愿夫妇得长相守的意思，在长吉诗中为变调。所以
我疑它是新婚时所作，不是普泛的拟古的乐府。

> 井上辘轳床上转，水声繁，弦声浅。

情若何？荀奉倩①。

城头日，长向城头住。

一日作千年，不须流下去！

长吉补奉礼郎是二十二岁（元和七年）。在《始为奉礼忆昌谷山居》诗中，亦可见他是有妻。诗中有"鹤病悔游秦"之句，这是用古诗"飞来双白鹄"的典②。

有弟名犹，徐渭长本依宋本在《示弟》诗题下增一犹字。

他落第回，有《示弟》诗云：

别弟三年后，还家一日余。

酴醾③今夕酒，缃帙去时书。

病骨犹能在！人间底事无？

何须问牛马？抛掷任枭卢。

可怜他的满腹牢骚，只有向他的弟弟缕诉。

他回家以后，家贫无以为养，只好要他的弟弟到江西去就

---

① 《三国志·魏书十·荀彧荀攸贾诩传》载，荀粲，字奉倩，因妻病逝："痛悼不能已，岁余亦亡，时年二十九。"后成为悼亡的典实。

② 出自《艳歌何尝行》，诗中借白鹄的生离死别象征人间夫妇的眷念之情。

③ 酴醾（lù líng）：美酒名。

事。《勉爱行送小季之庐山》①云：

> 洛郊无俎豆，弊厩惭老马。
>
> 小雁过铲峰，影落楚水下。
>
> 长船倚云泊，石镜秋凉夜。
>
> 岂解有乡情？弄月聊呜哑。

> 别柳当马头，官槐如兔目。
>
> 欲将千里别，持此易斗粟。
>
> 南云北云空脉断，灵台经络悬春线。
>
> 青轩树转月满床，下国饥儿梦中见。
>
> 维尔之昆二十余，年来持镜颇有须。
>
> 辞家三载今如此，索米王门一事无！
>
> 荒沟古水光如刀，庭南拱柳生蛴螬。
>
> 江干幼客真可念，郊原晚吹悲号号！

　　"小雁过铲峰，影落楚水下。""欲将千里别，持此易斗粟。""江干幼客真可念，郊原晚吹悲号号！"写得何等沉痛！他们的友爱之笃于此可见。

　　长吉没有同胞的哥哥。诗题中凡言兄，必冠以行次，足见

① 本诗题下为二首。

不是同胞。

长吉体貌的怪异

长吉是虚弱而多病，并且相貌很怪，指甲蓄得很长，眉毛是中间连着的，并且还夹杂一些白色的眉毛。因为血气衰，并且为着疫气冲头，所以头发很少，而且很早就有白发了。

他在诗里面常常说到病：

自言汉剑当飞去，何事还车载病身？（《寄权璩杨敬之》）

病骨犹能在！（《示弟》）

病骨伤幽素。（《伤心行》）

病客眠清晓。（《潞州张大宅病酒遇江使寄上十四兄》）

他说及病的诗句是举不胜举，看他"病骨犹能在"的语气，可见他并不仅是偶尔犯病而已。他诗中说及白发与庞眉的地方也很不少：

秋姿白发生。（《伤心行》）

短歌断白发。（《长歌续短歌》）

　　终军^①未乘传，颜子鬓先老。(《春归昌谷》)

　　日夕著书罢，惊霜落素丝。(《咏怀》)

以上说白发。

　　庞眉入苦吟。(《巴童答》)

　　庞眉书客感秋蓬。(《高轩过》)

以上说庞眉。

　　疫气冲头鬓茎少。(《仁和里杂叙》)

　　这一条虽然只说明鬓茎少的原因，然庞眉亦大概由于疫气所冲而然。

　　前人屡以他年少白发为不近情理，妄揣他是寻常感伤的话。其实这非无病呻吟者可比，"终军未乘传"，按终军传车十八至长安上书，说未乘传，自然是指不到十八岁而言。年龄说得这样确凿，自然异于空的感伤。"疫气冲头"、白发庞眉的原因，他自己也说明了。"秋姿白发生"，可见并不是满头白发，间杂

―――――――――

① 终军：字子云，西汉济南人。十八岁选为博士弟子，武帝时官至谏大夫。死时二十余岁，世称"终童"。

一点白发，在今人也常有，何足为怪？

《高轩过》非七岁所赋

七岁赋《高轩过》是世人所称道的，此说出《太平广记》。

> 贺年七岁，以长短之歌名动京师。时韩愈与皇甫
> 湜贤贺所业，奇之，而未知其人，因相谓曰："若是古
> 人，吾曹不知者，若是今人，岂有不知之理！"会有
> 以瑑肃行止言者，二公因连骑造门，请其子，既而总
> 角荷衣而出。二公不之信，因面试一篇。贺承命欣然，
> 操觚①染翰，旁若无人。仍目曰《高轩过》。……二公
> 大惊，遂以所乘马，命联镳②而还所居，亲为束发。

《新唐书》虽未详述，但他所说七岁韩愈面试，亦是指此。现在且不深辩；先录下《高轩过》诗看是否七岁人的口气。

> 韩员外愈、皇甫侍御湜见过，因而命作。
> 华裾织翠青如葱，金环压辔摇玲珑。

---

① 操觚（gū）：指写文章。

② 联镳（biāo）：并骑同行。

马蹄隐耳声隆隆，入门下马气如虹。

云是东京才子，文章巨公。

二十八宿罗心胸，元精耿耿贯当中。

殿前作赋声摩空，笔补造化天无功。

庞眉书客感秋蓬，谁知死草生华风。

我今垂翅附冥鸿，他日不羞蛇作龙。

我们且不论这首诗功力的厚薄，张九龄七岁属文，刘晏八岁献颂，白居易三月识之无[①]，虽然这些传说不一定可靠，但世间也许有非普通情理所可解释的事。我们撇开这一层，且看"我今垂翅附冥鸿"等句的语气，明明是穷途潦倒的话。七岁孩子，方且"总角荷衣"与社会不生关系，何以就有失意之感？并且"书客""秋蓬"也不是在家中的口气。所以即不深考事迹，在语气上也可证明他的错误。

再进一层。考他到底是在哪一年做的。元和三年湜以陆军尉应贤良方正能直言极谏，举调御史，当然在擢第之后。愈迁员外，亦在元和三年。《高轩过》序称韩员外、皇甫侍御，所以能断定绝不是元和三年以前做的。但又安知非这年以后做的

[①] 白居易出生六七月时，即能辨认"之""无"二字。《与元九书》："仆始生六七月时，乳母抱弄于书屏下，有指'之'字、'无'字示仆者，仆口未能言，心已默识。"

呢？试看"云是东京才子"的口气，既说"云是"，当是因人介绍而初相识。元和三年又是他举进士，韩愈又是替他作《讳辩》的一年。作《讳辩》当然是相识以后的事，所以亦绝不是这年以后做的。

长吉的出处^①

长吉元和三年举进士，因元稹倡嫌名^②避讳说，时人都嫌他骄矜，所以附和的很多。他们不但这样讥刺长吉，并且牵连而讥刺他的举主韩愈。韩愈替他做了一篇很精细的《讳辩》，还是抵制不住。长吉也就灰心不应举。何以知道他举进士是元和三年呢？这是根据田北湖说，他的证据列下。

一 元和三年开四科取士。

二 皇甫湜在这年举进士。当时风气：同应举的，互称先辈；俱捷，称同年。集中有《官不来题皇甫湜先辈厅》篇，可见他们是同科应举的。

三 元和五年春，元稹以御史贬江陵士曹，留滞十年之久。其为礼部郎中倡嫌名避讳说，当在元和三年。

四 唐令，荐士失察之罪，与举子连坐。《讳辩》："湜曰：

---

① 出处：出仕和隐退。

② 嫌名：指与姓名音同音近的字。

'若不明白，子与贺且得罪。'"是愈为举主无疑。又唐制国子博士同京畿诸令，都可以荐举。元和三年愈拜河南令，贺为本部才俊，岂有不举之理！

长吉自元和三年入京，留京三年，抑郁无聊。《勉爱行送小季之庐山》说："维尔之昆二十余，年来持镜颇有须。辞家三载今如此，索米王门一事无！"自十八至二十在长安。这年二十一，所以说二十余。元和七年二十二岁，补太常奉礼郎，这也是根据田北湖说：

集中《送沈亚之序》①云："文人沈亚之元和七年以书不中第。"其诗曰："吴兴才人怨春风，桃花满陌千里红。"又曰："雄光宝矿献春卿。"又曰："春卿拾才白日下。"按太常寺卿在隋唐间亦称春卿，亚之春初应举见黜于太常。贺诗感慨最多，此时入选授官，故慰人失意，语不及己。其为同年应试，确无可疑。集中《始为奉礼忆昌谷山居》曰："小树枣花春。"两篇时令尤合。

田说虽没有充分的理由，但我们也找不出什么异议，只好暂依他这个假说，将来或可寻得出确实的证据。

----

① 应为《送沈亚之歌并序》。

长吉舍弃人寰的时候，亦仅仅是一个小小的从九品官——奉礼郎。李商隐《小传》说"长吉生时二十七年，位不过奉礼太常"可证。新旧《唐书》却都说他"为太常侍协律郎卒"。田北湖以为就诗中看亦很可疑，《出城别张又新酬李汉》曰："吾将噪礼乐，声调摩清新。欲使十千岁，帝道如飞神。"所以他假设长吉曾与闻乐政，而于诗自述乐志；兼摄协律，或有其事，却没有做许久。所以史传因这蛛丝马迹，误以为卒于协律。其实田的假设，也没有什么根据，并且可以不必多此一举。《出城别张又新酬李汉》篇，显系元和六年春日出都之作。《春归昌谷》诗，盖亦同时所作，《出城寄权璩杨敬之》有"何事还车载病身"句，可见为失意出都之作。又有"草暖云昏万里春"，和《春归昌谷》之时令相合。《别张又新》①诗既说"小人如死灰，心切生秋榛"，又说"赋诗面投掷，悲哉不遇人"，可见也是失意回家；又有"李子别上国，南山崆峒春"之句，时令亦正相合。可见"吾将噪礼乐"云云，亦似《南园》诗中"桥头长老相哀念，因遗戎韬一卷书"之句。悲愤无所发泄，借以寄托罢了。何必在无证据的事上牵强附会？

---

① 即《出城别张又新酬李汉》，本书诗文题多省称。

长吉诗化的生活及癖性

生活

环境是造成诗人的一个重要原因。所以柳宗元谪柳州以后，得愚溪西山之胜，便造成他谢康乐①一派的诗。王摩诘居辋川，有鹿柴、茱萸坞、竹里馆之胜，所以成就他清淡的一派诗。孟东野②为溧阳尉时，常骑驴领小吏到县南故平陵地，积水之旁，数十抱大栎之林中沉吟到晚；他那种古淡的诗，当然受这种天然的影响不少。长吉的环境，尤其是诗人的环境。虽然其家很穷，穷到不得不让他的弱弟去庐山谋食，但他仍然有诗人的暇豫的时间，去领略天然的美景。他到底是一个贵族家庭的子弟，他到底是"唐皇诸孙"。虽然是"车如鸡栖"，到底总有一辆车。

① 谢康乐：即谢灵运，曾封康乐公，故称。其善以精丽之语刻画自然景物，开山水诗一派。
② 孟东野：即孟郊，字东野，其诗多寒苦之音。

虽然是"马如狗",到底还有一匹马。（长吉所谓马如狗，或者
就是李商隐《传》中的"距驴"。）商隐《传》中说他恒从"小
奚奴"，《集》中诗题有《昌谷读书示巴童》及《巴童答》，又
商隐《序》中有"太夫人使婢受囊"，可见他出去或在家中读
书时，还有一个书童跟着服侍，他的太夫人做事也不亲自动手，
有一个婢女代劳。前文引《剧谈录》载元稹来看李贺，贺"令
仆者谓曰……"可见他还有守门的，客来找他时，还得门房通
报。所以长吉虽然是衰落的贵族，但还不至于穷到没有诗人的
暇豫。

昌谷的环境是非常地美丽，长吉又有这样的暇豫和兴致去
领略，所以其作品的美丽，受昌谷的影响自然不少。

> 昌谷五月稻，细青满平水。
>
> 遥峦相压叠，颓绿愁堕地。
>
> 光洁无秋思，凉旷吹浮媚。
>
> 竹香满凄寂，粉节涂生翠。
>
> 草发垂恨鬓，光露泣幽泪。
>
> 层围烂洞曲，芳径老红醉。
>
> 攒虫锼①古柳，蝉子鸣高邃。

① 锼（sōu）：侵蚀。

大带委黄葛，紫蒲交狭涘①。

石钱差复籍，厚叶皆蟠腻。

汰沙好平白，立马印青字。

晚鳞自遨游，瘦鹄暝单跱②。

嘹嘹湿姑声，咽源惊溅起。

纤缓玉真路，神娥蕙花里。

苔絮萦涧砾，山实垂赪紫。

小柏俨重扇，肥松突丹髓。

鸣流走响韵，垄秋拖光穟。

莺唱闵女歌，瀑悬楚练帔。

风露满笑眼③，骈岩杂舒坠。

乱条迸石岭，细颈喧岛嬶④。

日脚扫昏翳，新云启华閟⑤。

谧谧厌夏光，商风道清气。

高眠复玉容，烧桂祀天几。

雾衣夜披拂，眠坛梦真粹。

待驾栖鸾老，故宫椒壁圯。

---

① 涘（sì）：水边。

② 跱（zhì）：同"峙"，耸立。

③ 王琦注："笑眼恐是笑恨之讹。"——作者注。

④ 嬶（bì）：通"泌"，泉水涌流。

⑤ 閟（bì）：清静，幽深。

鸿珑数铃响，羁臣发凉思。

阴藤束朱键，龙帐着魈魅。

碧锦帖花柽[1]，香奁事残贵。

歌尘蠹木在，舞彩长云似。

珍壤割绣段，里俗祖风义。

邻凶不相杵，疫病无邪祀。

鲐皮识仁惠，丱角知瘖耻。[2]

县省司刑官，户乏诟租吏。

竹薮添堕简，石矶引钧饵。

溪湾转水带，芭蕉倾蜀纸。

岑光晃毂襟，孤景拂繁事。

泉樽陶宰[3]酒，月眉谢郎[4]妓。

丁丁幽钟远，矫矫单飞至。

霞巘殷嵯峨，危溜声争次。

淡蛾流平碧，薄月眇阴悴。

凉光入涧岸，廓尽山中意。

渔童下宵网，霜禽竦烟翅。

---

① 柽（chēng）：木名。

② 鲐（tái）皮：代指老年人。丱（guàn）角：代指少年人。

③ 陶宰：即陶潜。王琦注曰，晋陶潜好酒，尝为彭泽令，故曰陶宰酒。

④ 谢郎：即谢安。《世说新语·识鉴》："谢公在东山畜妓。"妓，即歌舞女。

潭镜滑蛟涎，浮珠唅^①鱼戏。

风桐瑶匣瑟，萤星锦城使。

柳缀长缥带，篁掉短笛吹。

石根缘绿藓，芦笋抽丹渍。

漂旋弄天影，古桧拿云臂。

愁月薇帐红，胃云香蔓刺。

芒麦平百井，闲乘列千肆。

刺促成纪人，好学鸱夷子^②。

在《昌谷诗》中，可以看出昌谷的全部风俗景物以及一切。这首诗，字句精练的很多，好像"细青满平水""颓绿愁堕地""草发垂恨鬓，光露泣幽泪""攒虫镂古柳"，这样的警句是数不胜数的；但章法是错乱得很，像是零章断句凑合而成。如果不明白他的诗人的生活，简直不能理解他为什么要作这样的章法错乱的诗。李商隐《传》载有长吉"零章断句"之所来：

恒从小奚奴，骑距驴，背一古破锦囊，遇有所得，即书投囊中。及暮归，太夫人使婢受囊出之，见所书多，辄曰："是儿要当呕出心乃已尔。"上灯，与食，

---

① 唅（yǎn）：鱼在水面张口翕动。

② 鸱（chī）夷子：春秋越国范蠡自号鸱夷子皮，省称鸱夷子。

长吉从婢取书，研墨叠纸，足成之，投他囊中。非大

醉及吊丧日，率如此，过亦不复省。

《昌谷诗》大概就是取锦囊中的不忍割弃的零句来足成的东

西。他骑驴寻诗的时候，除了这些雕镂景物的零句以外，还有

些绝句等短诗。十四首《南园》诗中（第一卷十三首，集外一

首），十二首是七言绝句，一首五律，一首七古。就他杂乱的体

裁来看，明明不是一时所作；并且不一定是写景之作。凡属他

徘徊于南园的黄桑翠竹之间所得的诗句，无论是抒怀写景，统

名作《南园》。简短的绝句和杂凑的长古不同，偶然灵感触发，

随即将这美丽的片段追写下来，这种灵机一触俄顷而成的东西

是最适宜一切抒怀写景的速写。所以他的十余首《南园》绝句

都是真不朽的名作。下录五首为例：

花枝草蔓眼中开，小白长红越女腮。

可怜日暮嫣香落，嫁与春风不用媒。

竹里缲丝挑网车，青蝉独噪日光斜。

桃胶迎夏香琥珀，自课越佣能种瓜。

春水初生乳燕飞，黄蜂小尾扑花归。

窗含远色通书幌，鱼拥香钩近石矶。

泉沙奭卧鸳鸯暖，曲岸回篙舴艋迟。
泻酒木兰椒叶盖，病容扶起种菱丝。

长峦谷口倚嵇家，白昼千峰老翠华。
自履藤鞋收石蜜，手牵苔絮长莼花。

这样触兴而成的诗，都随作随写并随时掷在那古破的锦囊里。在南园、北园中还有一个地方可以时常得见他的诗的痕迹，他很爱竹，有时兴到便把"腻香春粉"的竹子，刮去青皮，"黑离离"地挥洒起来。古来有红叶题诗、蕉叶题诗，而竹竿上题诗的韵事，倒算是千古只有长吉一人了。这也"有诗为证"。

舍南有竹堪书字。

（《南园》）

斫取青光写楚辞，腻香春粉黑离离。
无情有恨何人见？露压烟啼千万枝。

（《昌谷北园新笋四首》）

长吉的诗境是这样消极，而他的诗的形式又是那样艳丽，大概受他的环境与生活的影响不少。

性情

诗人常有特殊的性情。有人以为文学家大都是精神病者。长吉的性情也真似乎有些异常的状态。骑驴寻诗勤快到非大病及吊丧之日不停止，这并非有所为而为的事，《五粒小松歌》序曰："予以选书多事，不治曲辞，经十日。"十日不作诗，便著于诗序，可见他作诗之勤。又《云仙杂记》载一事：

> 有人谒李贺，见其久而不言，唾地者三，俄而成文三篇。(《文笔襟喉》)

这些事都是精神异常的表征。

他的诗被人称为鬼语，也就因为他神经过敏，在思想上或感官上转了几个弯就令人捉摸不着了。好像"银浦流云学水声"，从眼睛看见天河，以为既然是河当然有流的东西，既有流的东西，则其声响也会和水流一般。从视觉转到听觉，就使人不可解了。

他同时还有别的诗人一般的傲僻的脾气。他令仆者对元稹说："明经擢第，何事来看李贺？"使元稹"惭愤而退"。后来长吉应进士举，元稹等便倡讳嫌名之说使李贺"被弹"带病而归。又如下述事例：

> 李藩侍郎尝缀李贺歌诗，为之集序未成。知贺有表兄与贺笔砚之旧者，召之见，托以搜访所遗。其人敬谢，且请曰："某尽记其所为，亦见其多点窜者。请得所葺者视之，当为改正。"李公喜，并付之，弥年绝迹。李公怒，复召诘之。其人曰："某与贺中外自小同处，恨其傲忽，常思报之。所得兼旧有者，一时投于溷中矣。"（《幽闲鼓吹》）

中表之亲，又同笔砚，恨之至于身后索其遗稿投之溷中，其傲忽之程度亦可想见！他的没有取得功名，乃至死后被人衔恨以诗投厕，都是因为他的脾气太坏。

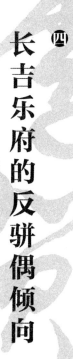

（四）

长吉乐府的反骈偶倾向

- 盛唐走上诗体的反骈偶路线
- 长吉创造反格律、反骈偶的最纯熟的诗体
- 长吉乐府是反骈偶的诗

诗的严格的格律，自六朝提倡，初唐更发扬而光大之，诗体渐入于板滞而不能运用自如。到了盛唐，国家的权威一天天地提高，民间的经济为提供政府的征伐，和朝廷达官大臣的过度逸乐的挥霍，而渐渐至于破产，安禄山之乱，一个号召，打破了皇帝和朝臣的迷梦，刺穿了太平盛世的纸老虎。虽然安禄山终于被打平了，而唐室从此不得一日安宁，人民的颠沛流离之惨状，也充分地暴露出来。在这个时代的诗人，为要充分去担负他们时代的使命，把民众们的惨呼哀号在他们诗里面表现，把他自己的颠沛流离的感伤向自己和人们婉转地哀诉，自然不是应制式试帖式的板滞的格律所能满足他们的需要。而诗体就自然地走上"反骈偶"的大道。李白、杜甫就已经有了这样的趋势。但李白、杜甫是很纯熟地充分地运用前代的一切诗体，而不是一个新诗体的创造者。不过在他们的诗中，如李白的乐府是用很自由的诗体去创作，杜甫的写乱离的诗——《无家别》

《新婚别》《垂老别》等——亦采用几乎全无偶句的古诗的体裁，可以看出趋向"反骈偶"的路线。

到中唐韩昌黎出来，便大张文学革命之帜，摧毁六朝以来的骈四俪六的文体，以无拘束的散文相号召，在诗一方面他也以他的天纵之才去写他的极自由的诗体，在体裁上，除用韵以外，诗与散文的界限被他打得粉碎。从下面所举的一首诗，可以看出他的胆大：

> 非痴非狂谁氏子，去入王屋称道士？
>
> 白头老母遮门啼，挽断衫袖留不止。
>
> 翠眉新妇年二十，载送还家哭穿市。
>
> 或云欲学吹凤笙，所慕灵妃媲萧史。
>
> 又云时俗轻寻常，力行险怪取贵仕。
>
> 神仙虽然有传说，知者尽知其妄矣。
>
> 圣君贤相安可欺，干死穷山竟何俟？
>
> 呜呼余心诚岂弟①，愿往教诲究终始。
>
> 罚一劝百政之经，不从而诛未晚耳。
>
> 谁其友亲能哀怜，写吾此诗持送似。
>
> （《谁氏子》）

---

① 岂弟（kǎi tì）：即"恺悌"，态度和蔼，容易亲近。

这简直是一篇论文，何尝是诗？但这种散文化的诗体，正是严格的格律诗体的反动。

长吉是在这一个潮流当中突起的异军，从他的诗体上看，知道他是积极的反格律者，从他的诗中竟找不出一首当时最盛行的诗体——七言律诗。但是他的诗不像韩昌黎般的失了诗的特性。所以他是创造反格律、反骈偶的最纯熟的诗体的诗人。

长吉诗集中，乐府几乎占了一半。乐府是为要在音乐上表现极调和的音调，所以从来的乐府多参用偶句，六朝的乐府尤其显然地表现这个趋势，并且多是用五言律诗的形式。而长吉则乐府里面，很少用律句。有时本来是五言四韵的体裁，他亦很能自由地运用其反骈偶的形式。从下举之《雁门太守行》的例，便可看见他是怎样地在乐府中自辟蹊径：

轻霜中夜下，黄叶远辞枝。

寒苦春难觉，边城秋易知。[1]

风急旌旗断，涂长铠马疲。

少解孙吴[2]法，家本幽并[3]儿。

---

[1] 偶句旁识圆点，下准此。——作者注。本书将圆点标于字下。

[2] 孙吴：孙武和吴起，均为兵家的代表人物。

[3] 幽并：指幽州和并州，古代燕赵之地，居民以慷慨悲歌、尚气任侠著名，故多并称。

非关买雁肉，徒劳皇甫规。①

陇暮风恒急，关寒霜自浓。

枥马夜方思，边衣秋未重。

潜师夜接战，略地晓摧锋。

悲笳动明塞，高旗出汉墉。

勤劳谢公业，清白报迎逢。

非须主人赏，宁期定远封。

单于如未击，终夜慕前踪。

（梁简文帝《雁门太守行》）

三月杨花合，四月麦秋初。

幽州寒食罢，郑国采桑疏。

便闻雁门戍，结束事戎车。

去岁无霜雪，今年有闰余。

月如弦上弩，星类水中鱼。

戎车攻日逐，燕骑荡康居。

大宛归善马，小月送降书。

①《后汉书·列传第三十九·王充王符仲长统列传》："后度辽将军皇甫规解官归安定，乡人有以货得雁门太守者，亦去职还家，书刺谒规。规卧不迎，既入而问：'卿前在郡食雁美乎？'"

寄语闺中妾，勿怨寒床虚。

（褚翔同题）

黑云压城城欲摧，甲光向日金鳞开。

角声满天秋色里，塞上燕脂凝夜紫。

半卷红旗临易水，霜重鼓寒声不起。

报君黄金台上意，提携玉龙为君死！

（李贺同题）

梁简文帝和褚翔的三首诗完全是用排偶组成的，而李贺的一首却完全没有偶句。"戎车攻日逐，燕骑荡康居。大宛归善马，小月送降书。"这样杂凑成篇简直没有诗意，只有李贺的每一句都是精练得异常生动，固然是由于他的天才和技术都高，不牵强对偶更是能帮助他的天才和技术充分发展的一个原因。从《猛虎行》更可以看得出"反骈偶"的乐府的发展趋势。

与君媾新欢，托配于二仪。

充列于紫微，升降焉可知？

梧桐攀凤翼，云雨散洪池。

（魏文帝《猛虎行》）

渴不饮盗泉水，热不息恶木阴。

恶木岂无枝？志士多苦心。

整驾肃时命，杖策将远寻。

饥食猛虎窟，寒栖野雀林。

日归功未建，时往岁载阴。

崇云临岸骇，鸣条随风吟。

静言幽谷底，长啸高山岑。

急弦无懦响，亮节难为音。

人生诚未易，曷云开此襟。

眷我耿介怀，俯仰愧古今。

（陆机同题）

贫不攻九疑玉，倦不憩三危峰。

九疑有惑号，三危无安容。

美物标贵用，志士厉奇踪。

如何只远役，王命宜肃恭。

伐鼓功未著，振旅何时从。

（谢惠连同题）

寒亦不忧雪，饥亦不食人。

人血岂不甘，所恶伤明神。

太室为我宅，孟门为我邻。

百兽为我膳，五龙为我宾。

蒙马一何威，浮江^①亦以仁。

彩章耀朝日，牙爪雄武臣。

高云逐气浮，厚地随声振。

君能贾余勇，日夕长相亲。

（储光羲同题）

朝作猛虎行，暮作猛虎吟。

肠断非关陇头水，泪下不为雍门琴。

旌旗缤纷两河道，战鼓惊山欲倾倒。

秦人半作燕地囚，胡马翻衔洛阳草。

一输一失关下兵，朝降夕叛幽蓟城。

巨鳌未斩海水动，鱼龙奔走安得宁？

颇似楚汉时，翻覆无定止。

朝过博浪沙，暮入淮阴市。

张良未遇韩信贫，刘项存亡在两臣。

---

① 浮江：浮虎，地方官清明廉洁的典故。《后汉书·儒林列传·刘昆》载，刘昆为弘农太守，虎不为患，皆背负小虎渡河而去。

暂到下邳受兵略①，来投漂母作主人。②

贤哲栖栖古如此，今时亦弃青云士。

有策不敢犯龙鳞，窜身南国避胡尘。

宝书长剑挂高阁，金鞍骏马散故人。

昨日方为宣城客，掣铃交通二千石。

有时六博快壮心，绕床三匝呼一掷。

楚人每道张旭奇，心藏风云世莫知。

三吴邦伯多顾盼，四海雄侠皆相推。

萧曹曾作沛中吏，攀龙附凤当有时。

溧阳酒楼三月春，杨花漠漠愁杀人。

胡人绿眼吹玉笛，吴歌白纻飞梁尘。

丈夫相见且为乐，槌牛挝鼓会众宾。

我从此去钓东海，得鱼笑寄情相亲。

（李白同题）

猛虎虽云恶，亦各有匹俦。

群行深谷间，百兽望风低。

身食黄熊父，子食赤豹麛③。

---

① 张良刺杀秦始皇失败后，逃亡至下邳，遇老人授以兵法。见《史记·留侯世家》。

② 韩信落魄时，遇一漂洗衣服的老妇，给他饭吃。见《史记·淮阴侯列传》。

③ 麛（mí）：幼兽。

择肉于熊罴，肯视兔与狸？

正昼当谷眠，眼有百步威。

自矜无当对，气性纵以乖。

朝怒杀其子，暮还食其妃。

匹俦四散走，猛虎还孤栖。

狐鸣门四旁，乌鹊从噪之。

出逐猴入居，虎不知所归。

谁云猛虎恶，中路正悲啼。

豹来衔其尾，熊来攫其颐。

猛虎死不辞，但惭前所为。

虎坐无助死，况如汝细微？

故当结以信，亲当结以私。

亲故且不保，人谁信汝为？

（韩愈同题）

长戈莫舂，强弩莫抨①。

乳孙哺子，教得生狞。

举头为城，掉尾为旌。

东海黄公，愁见夜行。

---

① 《乐府诗集》作烹，非。——作者注。

道逢驺虞 ①，牛哀不平。

何用尺刀，壁上雷鸣。

泰山之下，妇人哭声。

官家有程，吏不敢听。

（李贺同题）②

　　从上面的几篇乐府中，诗体变化的路线很显然可以看出。魏晋六朝的乐府，几乎完全是对偶排比而成，到了李白就纵他豪放的天才，夹骈夹散一泻千里地写来；革骈文命的韩愈则几乎完全不用骈句，而能委曲尽情地去写一个故事，最后还要缀上一段"文以载道"式的感慨，这便是他失去诗的特性的处所；到长吉则几乎一句对偶都没有了。乐府的反骈偶倾向，李白是先声，到韩愈便正式出来作矫枉过正的号召，而李长吉则圆满地完成这个伟大的工作。在这一个例中仅能表示这个趋势，至于长吉的乐府的作风，这一首是不能表现，因为这是他乐府中格调最低的一首。前举的《雁门太守行》，可以表示他的作风。《将进酒》亦是他最有名的一首：

---

① 驺（zōu）虞：兽名。

② 按凡偶句，即识点于旁。不过点识之偶句，是请求声韵以后较严格的偶句。"贫不攻九疑玉，倦不憩三危峰""长戈莫舂，强弩莫拄"，虽亦是偶句，但句有同字，不是六朝以后严格的对偶。——作者对以上一组《猛虎行》的注。

琉璃钟，琥珀浓，小槽酒滴真珠红。

烹龙炮凤玉脂泣，罗屏绣幕围香风。

吹龙笛，击鼍鼓①。皓齿歌，细腰舞。

况是青春日将暮，桃花乱落如红雨。

劝君终日酩酊醉，酒不到刘伶坟上土。

他的作风很像李白，唯豪放不及，而凄楚紧凑过之。他的骈句极少，很像韩昌黎，但韩昌黎的乐府，与其说是反骈偶的诗，不如说是用韵的散文。（但是他仍然有诗意极充富的诗。）而长吉的乐府，却真是反骈偶的诗。

兹再就乐府诗集所收集的长吉的乐府，作一个全部的考察。

《艾如张》无偶句

《上之回》有偶句一联：悬红云，挞凤尾。

《巫山高》无偶句

《将进酒》有偶句二联：吹龙笛，击鼍鼓。

　　　　　　　　　　　　皓齿歌，细腰舞。

《箜篌引》有偶句一联：屈平沉湘不足慕，

　　　　　　　　　　　　徐衍入海诚为愚。

《江南曲》近五律，有偶句二联：江头枫树香，岸上蝴蝶飞。

　　　　　　　　　　　　　　　酒杯箬叶露，玉轸蜀桐虚。

---

① 鼍（tuó）鼓：用鼍皮蒙的鼓。

《蜀国弦》无偶句

《铜雀妓》无偶句

《猛虎行》无偶句

《难忘曲》无偶句

《塘上行》无偶句

《雁门太守行》无偶句

《神弦曲》无偶句

《神弦别曲》无偶句

《江南弄》无偶句

《莫愁曲》有偶句二联：青丝系五马，黄金络双牛。

罗床倚瑶瑟，残月倾帘钩。

《大堤》有偶句一联：青云教绾头上髻，明月与作耳边珰。

《上云乐》无偶句

《章和二年中》无偶句

《公莫舞歌》无偶句

《拂舞辞》无偶句

《湘妃》无偶句

《走马行》无偶句

《少年乐》无偶句

《浩歌》有偶句一联：王母桃花千遍红，彭祖巫咸几回死。

《夜坐吟》无偶句

《摩多楼子》无偶句

《堂堂》无偶句

《十二月乐词》

　　　　正月　无偶句

　　　　二月　无偶句

　　　　三月　无偶句

　　　　四月　无偶句

　　　　五月　有偶句一联：井汲铅华水，扇织鸳鸯纹。

　　　　六月　无偶句

　　　　七月　有偶句四联：星依云渚冷，露滴盘中圆。

　　　　　　　　　　　　　好花生木末，衰蕙愁空园。

　　　　　　　　　　　　　夜天如玉砌，池叶极青钱。

　　　　　　　　　　　　　仅厌舞衫薄，稍知花簟寒。

　　　　八月　有偶句二联：傍檐虫缉丝，向壁灯垂花。

　　　　　　　　　　　　　帘外月光吐，帘内树影斜。

　　　　九月　无偶句

　　　　十月　无偶句

　　　　十一月　无偶句

　　　　十二月　无偶句

　　　　闰月　无偶句

《李夫人歌》无偶句

《薛小小歌》无偶句

《邺城童谣》无偶句

《塞下曲》无偶句

《湖中曲》无偶句

以上共乐府四十六首，有偶句的仅十首，这十首所包含的偶句中，严格的平仄属对无差池者，几乎很难找出几句，所以长吉反骈偶的趋势是十分地显然。

长吉乐府之可布之管弦者虽然很多，但他自己注明可歌的诗，只有两首：

花游曲并序

寒食诸王妓游，贺入座，因采梁简文诗调赋《花游曲》与妓弹唱。

春柳南陌态，冷花寒露姿。

今朝醉城外，拂镜浓扫眉。

烟湿愁车重，红油覆画衣。

舞裙香不暖，酒色上来迟。

申胡子觱篥歌并序

申胡子，朔客之苍头也。朔客李氏，亦世家子，得祀江夏王庙。当年践履失序，遂奉官北部，自称学长调短调，久未知名。今年四月，吾与对舍于长安崇义里。遂将衣质酒，命予合饮。气热杯阑，因谓吾曰：“李长吉，尔徒能长调，不能作五字歌诗。直强回笔端，与陶、谢诗势相远几里。”吾对后：“请撰《申胡子觱篥歌》。”以五字断句。歌成，左右人合噪相唱。朔客大喜，擎觞起立，命花娘出幕，徘徊拜客。吾问所宜。称“善平弄”，于是以弊辞配声，与予为寿。

颜热感君酒，含嚼芦中声。
花娘篸[①]绥妥，休睡芙蓉屏。
谁截太平管，列点排空星。
直贯开花风，天上驱云行。
今夕岁华落，令人惜平生。
心事如波涛，中坐时时惊。
朔客骑白马，剑弝[②]悬兰缨。
俊健如生猱，肯拾蓬中萤。

以上两首都是五言，一首五言四韵，一首五言八韵，所谓短调者。朔客曰：“尔徒能长调。”则长吉在当时，七字长调更得名。

---

① 篸（zān）：通“簪”。

② 弝（bà）：通“把”，柄。

五 长吉诗的感伤色彩

- 爱用"死"字为韵
- 热闹的颜色加上悲惨的渲染
- 长吉诗鬼气逼人
- 感伤字助成幽寒阴暗的色彩
- 感伤自身生死与社会不平

　　长吉的身份本来是贵族，但他是已经沦落的贵族，"衣如飞鹑马如狗"，这样贫寒的享受，绝非贵介公子所能耐。长吉又是热中功名的人，而命运偏偏阻了他上进之路，为着父亲一个名字，白白地牺牲了一个唾手可得的进士。他又不幸而天赋了这弱病的身体、乖僻的性情，使他感得独坐无欢，群居寡合。这一切都是构成他的感伤的色彩的原因。

音调的感伤色彩

　　感伤的表现，和音调颜色却很有关系。长吉能充分运用音调与颜色来表现其感伤的色彩。

　　　　新桂如蛾眉，秋风吹小绿。
　　　　行轮出门去，玉鸾声断续。

月轩下风露，晓庭自幽涩。

谁能事贞素，卧听莎鸡泣。

（《房中思》）

这样的音调，很像少妇在幽房中低低地啜泣。此类甚多，不能列举。现只举他一种特别爱用的阴暗的音调，如他爱用"死"字为韵，读来在音调上分外感觉得阴森的重压落到心上。

报君黄金台上意，提携玉龙为君死！（《雁门太守行》）

津头送别唱流水，酒客背寒南山死。（《二月》）

离宫散萤天似水，竹黄池冷芙蓉死。（《九月》）

王母桃花千遍红，彭祖巫咸几回死。（《浩歌》）

九节菖蒲石上死，湘神弹琴迎帝子。（《帝子歌》）

筠竹千年老不死，长伴秦娥盖湘水。（《湘妃》）

拜神得寿献天子，七星贯断姮娥死。（《章和二年中》）

惟愁裹尸归，不惜倒戈死。（《平城下》）

桂叶刷风桂坠子，青狸哭血寒狐死。（《神弦曲》）

朱旗卓地白虎死，汉王知是真天子。（《白虎行》）

颜色的感伤色彩

长吉的诗像是靓装的美人，但在艳丽的色泽中，不但不减少其感伤的色彩，反而渲染出一副多愁多病的面容：

塞上燕脂凝夜紫。

半卷红旗临易水。(《雁门太守行》)

谁家红泪客。(《蜀国弦》)

绿草垂石井。

惊霜落素丝。(《咏怀》)

堕红残萼暗参差。(《四月》)

甘露洗空绿。(《五月》)

竹黄池冷芙蓉死。(《九月》)

日脚淡光红洒洒。(《十二月》)

衰灯络纬啼寒素。

恨血千年土中碧。(《秋来》)

九山静绿泪花红。(《湘妃》)

三十六宫土花碧。(《金铜仙人辞汉歌》)

愁红独自垂。(《黄头郎》)

病骨伤幽素。(《伤心行》)

冷红泣露娇啼色。(《南山田中行》)

白草侵烟死，秋藜绕地红。(《王濬墓下作》)

玉冷红丝重。(《冯小怜》)

颓绿愁堕地。

芳径老红醉。

愁月薇帐红。(《昌谷诗》)

误尔触之伤首红。(《艾如张》)

吴堤绿草年年在。(《拂舞歌辞》)

椒花坠红湿云间。(《巫山高》)

绿粉扫天愁露湿。

芙蓉凝红得秋色。

寥落野湟秋漫白。(《梁台古意》)

青狸哭血寒狐死。

笑声碧火巢中起。(《神弦曲》)

秋白鲜红死。(《月漉漉篇》)

飞光染幽红。(《感讽》)①

在上举的这些例中，红绿本是热闹的颜色，然经过他的渲染，如老红、冷红、坠红、幽红、愁红、泪花红、空绿、静绿、颓绿，便成了极悲惨的词。至于白、素、碧，本是惨淡的颜色，

---

① 以上一组例句中，同一出处的诗句，只在最末的例句后注明诗题。下文同种情况亦如此。

何况白又加秋来渲染，素又加幽或寒来渲染，碧而由于恨血千年，或是巢中碧火，则所写出的自然是更凄凉的境界。

长吉诗中的鬼气

长吉诗读之真觉鬼气逼人，所以古今评诗者，异口同声地称之为鬼才或才鬼。这鬼气即是感伤的深刻的表现。以上的音调与颜色的感伤色彩，亦即是鬼气的渲染，同时他亦好直接写鬼：

> 南山何其悲，鬼雨洒空草。
>
> 长安夜半秋，风剪春姿老。
>
> 低迷黄昏径，袅袅青栎道。
>
> 月午树立影，一山惟白晓。
>
> 漆炬迎新人，幽圹萤扰扰。
>
> （《感讽》）

> 西山日没东山昏，旋风吹马马踏云。
>
> 画弦素管声浅繁，花裙绰纼①步秋尘。
>
> 桂叶刷风桂坠子，青狸哭血寒狐死。

---

① 绰纼（cuì cài）：衣服相擦声。

古壁彩虬金帖尾，雨工骑入秋潭水。

百年老鸮成木魅，笑声碧火巢中起。

（《神弦曲》）

女巫浇酒云满空，玉炉炭火香冬冬。

海神山鬼来座中，纸钱窸窣鸣旋风。

相思木帖金舞鸾，攒蛾一喋重一弹。

呼星召鬼歆杯盘，山魅食时人森寒。

终南日色低平湾，神兮长在有无间。

神嗔神喜师更颜，送神万骑还青山。

（《神弦》）

幽兰露，如啼眼。

无物结同心，烟花不堪剪。

草如茵，松如盖。

风为裳，水为珮。

油壁车，夕相待。

冷翠烛，劳光彩。

西陵下，风吹雨。

（《苏小小墓》）

此外写鬼的诗句如：

> 愿携汉戟招书鬼。(《绿章封事》)
>
> 提出西方白帝惊，嗷嗷鬼母秋郊哭。①(《春坊正字剑子歌》)
>
> 思牵今夜肠应直，雨冷香魂吊书客。秋坟鬼唱鲍家诗，恨血千年土中碧。(《秋来》)
>
> 娇魂从回风，死处悬乡月。(《感讽》)
>
> 鲸鱼张鬣海波沸，耕人半作征人鬼。(《白虎行》)
>
> 茂陵刘郎秋风客，夜闻马嘶晓无迹。画栏桂树悬秋香，三十六宫土花碧。(《金铜仙人辞汉歌》)
>
> 石脉水流泉滴沙，鬼灯如漆点松花。(《南山田中行》)

他写鬼的诗既如此其多，所以历代评诗的人都以长吉为鬼才：

> 宋景文诸公在馆，尝评唐人诗云："太白仙才，长吉鬼才。"(《文献通考》)

---

① 汉高祖刘邦醉斩大蛇，后有人见一老妪哭泣，说她的儿子白帝子被赤帝子斩了。事见《史记·高祖本纪》。

> 人言太白仙才，长吉鬼才，不然，太白天仙之词，
> 长吉鬼仙之词耳。(《沧浪诗话》)

> 太白仙才，长吉鬼才。然仙诗鬼诗，皆不堪多见。
> 多见则仙亦使人不敬，鬼亦使人不惊。(严沧浪评李太
> 白诗)

长吉所爱用的感伤字

除了上面所列举的音调、颜色，和写鬼的诗句以外，他还
有不少习用的颜料是用来涂饰和烘托其诗的感伤色彩的。

1. 哭、泣、愁、泪……是一般感伤的诗人所常用的字，而
长吉用之尤多。

> 江娥啼竹素女愁。
> 芙蓉泣露香兰笑。(《李凭箜篌引》)
> 嗷嗷鬼母秋郊哭。(《春坊正字剑子歌》)
> 惊石坠猿哀，竹云愁半岭。
> 谁家红泪客，不忍过瞿塘。(《蜀国弦》)
> 老兔寒蟾泣天色。(《梦天》)
> 花城柳暗愁杀人。(《三月》)

文章何处哭秋风？（《南园》）

忆君清泪如铅水。（《金铜仙人辞汉歌》）

竹啼山露月。（《黄头郎》）

露压烟啼千万枝。（《昌谷北园新笋》）

泪眼看花机。（《追和何谢铜雀妓》）

月明啼阿姐。

眼尾泪侵寒。（《谢秀才有妾缟练，改从于人，秀才引留之不得，后生感忆，座人制诗嘲诮，贺复继四首》）

莎老沙鸡泣。（《潞州张大宅病酒遇江使寄上十四兄》）

梦泣生白头。（《崇义里滞雨》）

楚女泪沾裾。（《钓鱼诗》）

卧听莎鸡泣。（《房中思》）

露光泣残蕙。（《秋凉诗寄正字十二兄》）

丁香筇竹啼老猿。（《巫山高》）

兰脸别春啼脉脉。（《梁台古意》）

铜驼夜来哭。（《铜驼悲》）

月下美人望乡哭。

粉泪凝珠滴红线。（《龙夜吟》）

2.寒、冷、暗等字也足以助成他的幽寒阴暗的色彩：

十二门前融冷光。

露脚斜飞湿寒兔。(《李凭箜篌引》)

别浦今朝暗。(《七夕》)

云生朱络暗。(《过华清宫》)

隙月斜明刮露寒。(《春坊正字剑子歌》)

腰围白玉冷。(《贵公子夜阑曲》)

霜重鼓寒声不起。(《雁门太守行》)

老兔寒蟾泣天色。(《梦天》)

酒客背寒南山死。(《二月》)

堕红残萼暗参差。(《四月》)

星依云渚冷。(《七月》)

竹黄池冷芙蓉死。(《九月》)

金凤刺衣著体寒。(《十月》)

雌龙怨吟寒水光。(《帝子歌》)

暮嫌剑光冷。(《走马引》)

谁念幽寒坐呜呃。(《致酒行》)

蕉花密露寒。(《追赋画江潭苑》)

雨沫飘寒沟。(《崇义里滞雨》)

玉冷红丝重。(《冯小怜》)

3. 他还有一种爱用的字，如古、老等。"老"在时间上近于死，所以它能给人以感伤观念。"古"是最足以引起人的追怀的感伤。古字在他用得比任何人都广，"古龙""古血""古愁""古水"，都是由他创用。举例如下：

老鱼跳波瘦蛟舞。(《李凭箜篌引》)

垂杨叶老莺哺儿。(《残丝曲》)

明朝枫树老。(《大堤曲》)

老兔寒蟾泣天色。(《梦天》)

山头老桂吹古香。(《帝子歌》)

筠竹千年老不死。

凉夜波间吟古龙。(《湘妃》)

古刹疏钟度。(《南园》)

天若有情天亦老。(《金铜仙人辞汉歌》)

老夫饥寒龙为愁。(《老夫采玉歌》)

博罗老仙时出洞。(《罗浮山人与葛篇》)

蕙花已老桃叶长。(《堂堂》)

弊厩惭老马。

荒沟古水光如刀。(《勉爱行》)

方花古础排九楹。(《公莫舞歌》)

鸥鹁^①老湿沙。(《追赋画江潭苑》)

古书平黑石。(《王濬墓下作》)

老作平原客。(《客游》)

木藓青桐老。(《题赵生壁》)

莲枝未长秦蘅老。(《牡丹种曲》)

芳径老红醉。

攒虫锼古柳。

古桧拿云臂。(《昌谷诗》)

北山饶古人。(《铜驼悲》)

丁香筇竹啼老猿。

古祠近月蟾桂寒。(《巫山高》)

古壁彩虹金帖尾。(《神弦曲》)

凄凄古血生铜花。(《长平箭头歌》)

鲤鱼风起芙蓉老。(《江楼曲》)

纤手却盘老鸦色。(《美人梳头歌》)

熟杏暖香梨叶老。(《南园》)

阿母得仙今不老。(《假龙吟歌》)

此外还有"血""死""月"等字，都是他爱用来点缀感伤的色彩的。

---

① 鸥鹁（jiāo jīng）：一种水鸟。

感伤的内容

感伤的来源已经在前面推测了一个大概：一方面是由于自己的身体和家世，一方面是由于天宝乱后社会的不安定。因此感伤的对象也就一方面是自己的生死遇合，一方面是社会的不平的现象。

飞光，飞光，劝尔一杯酒。

吾不识青天高，黄地厚，

惟见月寒日暖来煎人寿！

食熊则肥，食蛙则瘦。

神君何在？太一安有？

天东有若木，下置衔烛龙。

吾将斩龙足，嚼龙肉。

使之朝不得回，夜不得伏。

自然老者不死，少者不哭。

何为服黄金，吞白玉？

谁是任公子？云中骑白驴。

刘彻茂陵多滞骨，嬴政梓棺费鲍鱼。

（《苦昼短》）

他在这首诗中，一面用极艺术的方法来表示"人生苦短"的痛苦，一面指摘当时朝野上下对道教的迷信。

> 白日下昆仑，发光如舒丝。
>
> 徒照葵藿心，不照游子悲。
>
> 折折黄河曲，日从中央转。
>
> 旸谷耳曾闻，若木眼不见。
>
> 奈尔铄石，胡为销人？
>
> 羿弯弓属矢，那不中足，令久不得奔。
>
> 讵教晨光夕昏。
>
> 　　　　　　　　（《日出行》）

> 劝君终日酩酊醉，酒不到刘伶坟上土。
>
> 　　　　　　　　（《将进酒》）

对于生死的感伤，是多数诗人之所同，而设想之奇——"吾将斩龙足，嚼龙肉。使之朝不得回，夜不得伏""羿弯弓属矢，那不中足，令久不得奔"——古今罕有。"酒不到刘伶坟上土"，这是诗人多数走上浪漫的路线的唯一原因。

及至险巇的世道，给他带来了不少的不可忍受的创伤，使他感到人生的更深一层的痛苦，即畏生不如苦死的痛苦。

天迷迷，地密密。

熊虺食人魂，雪霜断人骨。

嗾①犬狺狺相索索，舐掌偏宜佩兰客。

帝遣乘轩灾自灭，玉星点剑黄金轭。

我虽跨马不得还，历阳湖波大如山。

毒虬相视振金环，狻猊貘㺄②吐馋涎。

鲍焦一世披草眠，颜回廿九鬓毛斑。

颜回非血衰，鲍焦不违天。

天畏遭衔啮，所以致之然。

分明犹惧公不信，公看呵壁书问天。

（《公无出门》）

　　"人生苦短"，是对于人生还怀有可留恋的前途，至于以鲍焦、颜回之早夭为幸，是对人生起了憎厌之心，即是负了受不了的痛创，所以发生不能自已的厌世的思想。但厌世而能自杀，自然也是解决之道，生既不乐，死又不能，此无奈何的辗转哀吟的悲调，更是使人不能卒读：

---

① 嗾（sǒu）：指使狗时发出的声音。

② 狻猊（suān ní）、貘㺄（yà yǔ）：皆为中国古代神话中的神兽。

何须问牛马？抛掷任枭卢。(《示弟》)

长吉在这造物的轮蹄之下辗转哀吟中，时常引领瞻望生命展开的前途：

> 长卿怀茂陵，绿草垂石井。
>
> 弹琴看文君，春风吹鬓影。
>
> 梁王与武帝，弃之如断梗。
>
> 惟留一简书，金泥泰山顶。

> 日夕著书罢，惊霜落素丝。
>
> 镜中聊自笑，讵是南山期。
>
> 头上无幅巾，苦檗已染衣。
>
> 不见清溪鱼，饮水得相宜。
>
> (《咏怀二首》)

他希望得到爱的安慰，或著书以留死后的名，这样亦是生命向前展开的一条路径，可以不顾当世的荣辱，"梁王与武帝，弃之如断梗"，亦复何害！

> 桐风惊心壮士苦，衰灯络纬啼寒素。

谁看青简一编书，不遣花虫粉空蠹？

思牵今夜肠应直，雨冷香魂吊书客。

秋坟鬼唱鲍家诗，恨血千年土中碧。

（《秋来》）

"恨血千年土中碧"，要在人间求知己，岂是易事！又觉得著书也是无益。

男儿何不带吴钩，收取关山五十州。

请君暂上凌烟阁，若个书生万户侯。

（《南园·其五》）

寻章摘句老雕虫，晓月当帘挂玉弓。

不见年年辽海上，文章何处哭秋风？

（《南园·其六》）

长卿牢落悲空舍，曼倩诙谐取自容。

见买若耶溪水剑，明朝归去事猿公。

（《南园·其七》）

"寻章摘句老雕虫"，著书也是无益，于是他生命的前途又展开别一条路径——投笔从戎。然而只不过是幻想与愤慨而已！

以上是对他自己的身世的感伤，对于社会的不平，他也深致其不满：

> 蝶栖石竹银交关，水凝绿鸭琉璃钱。
>
> 团回六曲抱膏兰，将鬟镜上掷金蝉。
>
> 沉香火暖茱萸烟，酒觞绾带新承欢。
>
> 月风吹露屏外寒，城上乌啼楚女眠。
>
> （《屏风曲》）

全诗极写富家繁华，末二句一转，屏外屏内，相隔天渊。这是"朱门酒肉臭，路有冻死骨"的意境的加意的描写。

> 采玉采玉须水碧，琢作步摇徒好色。
>
> 老夫饥寒龙为愁，蓝溪水气无清白。
>
> 夜雨冈头食蓁子，杜鹃口血老夫泪。
>
> 蓝溪之水厌生人，身死千年恨溪水。
>
> 斜山柏风雨如啸，泉脚挂绳青袅袅。
>
> 村寒白屋念娇婴，古台石磴悬肠草。
>
> （《老夫采玉歌》）

合浦无明珠，龙洲无木奴。

足知造化力，不给使君须。

越妇未织作，吴蚕始蠕蠕。

县官骑马来，狞色虬紫须。

怀中一方板，板上数行书。

不因使君怒，焉得诣尔庐？

越妇拜县官，桑牙今尚小。

会待春日晏，丝车方掷掉。

越妇通言语，小姑具黄粱。

县官踏餐去，簿吏复登堂。

（《感讽》）

第一首用采玉的具体的事实，描写牺牲贫人的性命来供富贵人的奢侈的情形。第二首描写横征暴敛的残酷。他描写的手段是非常地深刻，但使读者感受同情之深，反不如白居易，则因为他为所披的一件怪丽的外衣所掩。

长吉诗的怪丽的外衣

- 感伤的质素，怪丽的外衣
- 丽的表示法，怪的修辞法

　　长吉诗经过客观方法的融解，很容易了解它的真相是：感伤的质素构成诗的意境，披上一件怪丽的外衣。感伤的来源已经在上章推测过了。至于怪丽的色彩，亦不是偶然产生。

　　盛唐的诗已经到了最纯熟的时期，所谓纯熟，就是南北诗体的合流到盛唐而得到非常的中庸的调协。中唐的革命运动便是反对这种中庸的诗体，而趋向于两个极端：白居易一派力求浅易，韩昌黎一派力反平易。因此在韩昌黎的号召之下的诗人，于是有孟东野之寒涩、卢仝之险怪，而长吉则独成就了怪丽而自立一家。

　　诗的彩色的浓丽与淡素，与诗的内容及其动人的力量是有很大的关系。当我们见着浓艳的彩色，每每可以引起很强烈的感情。诗人的因物起兴，即因物的感触引起诗中的感情，诗人即用此引起感情的颜色、声音、臭味等字面于诗里，使读者脑筋中相应地引起浓艳的印象，而强烈的感情亦随之而起。所以诗歌的字句的淡丽，和图画的彩色的淡丽、舞女的衣饰的淡丽的艺术根据是一样的。

丽的表示方法有直接的与间接的。用文字来表示色彩，自然不会是直接，因为文字上根本没有颜色。这里所谓直接与间接仅仅是从比较的而言。

丽的直接表示，即字义直接表示所见，如红；所触，如柔；所嗅，如香；等等。

丽的间接表示，即字义表示一件丽的物件，如花，如玉。花是有颜色香味的东西，最初一见花字，即想及花这样东西，再由花想及其颜色香味，脑筋中便立时展开一幅很美丽的图画。

根据以上的标准，来考察他的作品，便可以了解其丽的程度：

春月夜啼鸦，宫帘隔御花。

云生朱络暗，石断紫钱斜。

玉碗盛残露，银灯点旧纱。

蜀王无近信，泉上有芹芽。

（《过华清宫》）

这是一个浓丽的短篇，至于《荣华乐》一诗，则表示丽的字竟四十余之多，真是一幅眩人心目的彩色画了。

他的"怪"的修辞法，有时几乎超于情理之外。所以招"稍加以理可以奴仆命骚"之讥。

加倍的写法，是他修辞的见奇处之一。《北中寒》篇云"三尺木皮断文理"，《相劝酒》篇云"尧舜至今万万岁"，竟用三尺以见木皮之厚，万万以见尧舜以来之久。王琦"三尺"下注云"恐是三寸之误"，"万万岁"下注云"尧舜至唐元和中，未满三千岁，云万万岁，趁笔之误也"。这话只可对科学家或考据家说，不是对诗人说。"露压烟啼千万枝"，谁会到南园数过竹来？"瑶姬一去一千年"，又从何处考证？

物类的人格化，是诗人一种最平常的造词，尤其是长吉运用得最多而最妙：

> 露压烟啼千万枝。（《昌谷北园新笋四首》）
>
> 兰脸别春啼脉脉。（《梁台古意》）
>
> 芙蓉泣露香兰笑。（《李凭箜篌引》）
>
> 石笋溪云肯寄书。（《五粒小松歌》）
>
> 竹云愁半岭。（《蜀国弦》）
>
> 细绿及团红，当路杂啼笑。（《春归昌谷》）

间接虚拟的形容的形容法是长吉更显著的奇处；世人谓长吉欠理亦正在此。形容本是虚拟，如"天江碎碎银沙路"，天河内何尝有银沙，不过其色如白银，又为无数小点集合而成，故以银沙拟之。银沙路与天河的同点都是从视觉得来，所以不奇。至于《天上谣》"银浦流云学水声"，便是由视觉转听觉，而为间接虚拟了。见银浦之有云当与人间江河之有水一样，云在银浦——天河中流过的声音定与水在江河中流过的声音相仿。感官转变，便与事实相差太远了。又《秦王饮酒》"羲和敲日玻璃声"，日的晶明和玻璃一般，便想象羲和驱日之时，以鞭敲日，当与敲玻璃的声音相似。真是奇想天开！

还有一种长吉惯用的怪的表示法，与丽的表示法一样，将人所不常见之物——如夔①蜡龙凤鬼怪等——入诗，又常以人所不常联用的字来联用——如古血、古龙等——使读者产生新奇之感。

当时的人们在喝过平淡无奇的黄酒，和甘香清醇的醴酒之后，来饮此一种辣喉的白干，当是何等地兴奋得发狂啊！

---

① 夔（jué）：大猕猴。

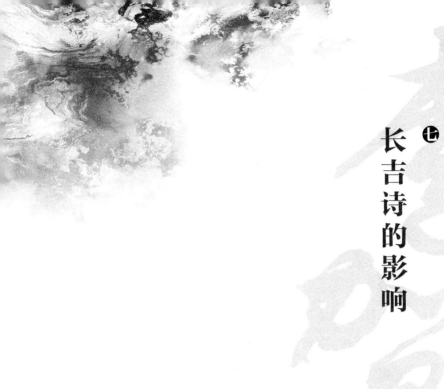

七 长吉诗的影响

- 长吉体到晚唐由小邦郁成大国
- 晚唐诗人的推崇
- 李义山最得长吉之神
- 北宋西昆体是长吉体的余波

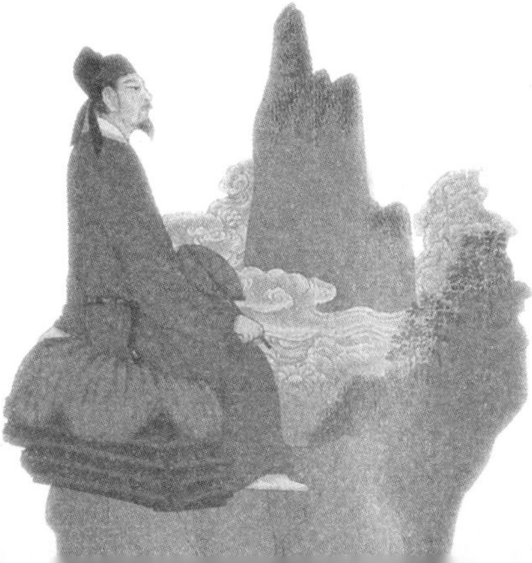

　　中唐"以文为诗"和"以语为诗"的两大派虽是盛极一时，但到晚唐就没有"嗣音"。李长吉在中唐仅仅是小邦，而他的感伤而艳丽的诗体，是适宜于社会的下层崩溃、政府的权威堕落、人民需要强烈的刺激和深刻的感伤的时代，所以他到晚唐就由小邦蔚成大国。

　　就杜牧之的《长吉歌诗序》和李义山的《长吉小传》已可见晚唐诗人推崇长吉之意：

　　　　云烟绵联，不足为其态也。水之迢迢，不足为其情也。春之盎盎，不足为其和也。秋之明洁，不足为其格也。风樯阵马，不足为其勇也。瓦棺篆鼎，不足为其古也。时花美女，不足为其色也。荒国陊^①殿，梗莽邱垄，不足为其怨恨悲愁也。鲸呿鳌掷，牛鬼蛇神，

————————————
① 陊（duò）：破败。

不足为其虚荒诞幻也。（杜牧《李长吉歌诗序》）

　　噫，又岂世所谓才而奇者，不独地上少，即天上

亦不多耶？（李商隐《李长吉小传》）

　　晚唐诗人对长吉诗是这样地推崇，而对元白诗又极力掊击，正因为长吉诗的势力膨胀，而元白诗体不得不被挤落。《云溪友议》云："牧又著论，言近有元白者，喜为淫言媟语，鼓扇浮嚣。吾恨方在下位，未能以法治之。"又杜牧《李戡墓志铭》述戡之言曰："尝痛自元和以来，有元白诗者，纤艳不逞，……流于民间，疏于屏壁，子父女母，交口教授，淫言媟语，冬寒夏热，入人肌骨，不可除去。吾无位，不得用法以治之。"杜牧骂元白纤艳不逞，而他自己的《张好好》等诗，一样地冶艳，不过元白是用"以语为诗"的诗体，杜牧却是多少受长吉诗的影响，来路不同，所以力加掊斥①。

　　至于温、李、韩偓诸人的诗体更是很显明地受了长吉的影响，下举数诗为例：

　　　　　丁东细漏侵琼瑟，影转高梧月初出。

　　　　　簇簇金梭万缕红，鸳鸯艳锦初成匹。

---

① 掊斥：形容十分排斥。掊，同"抔"，不顾一切；斥，排斥。

锦中百结皆同心，蕊乱云盘相间深。

此意欲传传不得，玫瑰作柱朱弦琴。

为君裁破合欢被，星斗迢迢共千里。

象尺熏炉未觉秋，碧池已有新莲子。

（温庭筠《织锦词》）

鼍鼓沉沉虬水咽，秦丝不上蛮弦绝。

常娥衣薄不禁寒，蟾蜍夜艳秋河月。

碧城冷落空蒙烟，帘轻幕重金钩栏。

灵香不下两皇子，孤星直上相风竿。

八桂林边九芝草，短襟小鬓相逢道。

入门暗数一千春，愿去闰年留月小。

栀子交加香蓼繁，停辛伫苦留待君。

（李商隐《河内诗》）

小槛移灯炧①，空房锁隙尘。

额披风尽日，帘押月侵晨。

香瓣更衣后，钗梁拢鬓新。

吉音闻诡计，醉语近天真。

妆好方长叹，欢余却浅颦。

---

① 炧（xiè）：灯烛熄灭。

绣屏金作屋，丝幰①玉为轮。

致意通绵竹，精诚托锦鳞。

歌凝眉际恨，酒发脸边春。

溪纻殊倾越，楼箫岂羡秦。

柳虚襄沴气②，梅实引芳津。

乐府降清唱，宫厨减食珍。

防闲襟并敛，忍妒泪休匀。

宿饮愁萦梦，春寒瘦著人。

手持双豆蔻，的的为东邻。

（韩偓《无题》）

在晚唐这些诗人当中，以李义山为最得长吉之神，就《河内诗》看字句音节几无一不像长吉。不过长吉的怪艳，多是自造之语，而义山则语有所本，有时过嫌堆砌一点。所以义山的学力过于长吉，而长吉的天才过于义山，长吉是这诗格的创造者，义山是继承的成功者。北宋西昆体挦撦义山，亦是长吉诗体的余波。

---

① 幰（xiǎn）：车幔。

② 襄（ráng）：祭祷消灾。沴（lì）气：灾害不祥之气。

绿粉摇天光压楼，石发弱黄发飔飔。

独坐展卷咽高秋，湿姑喋声古龙愁！

男儿何必神血固？花虫蠹粉名留出。

神力扛鼎真诗雄，吹嘘草石生华风。

草石长生诗人死，恨血千年何处是？！

山鬼掣书风齿齿！

——《竹影楼读长吉诗》

长吉诗曾经使我疯过一个时期。

我十岁开始作诗。教诗的先生是三个人：祖父，母亲，和一个老孀的祖姑母。最不堪回首的是灶下脚围树根火，祖姑母低声教《木兰诗》、王维绝句，敲半月凳作拍子的旧梦，窗外微雪轻飘，室内油灯如豆，凄清的境界中，使我觉得无处不充满了诗意。祖父炯炯的双眸，和飘然垂胸的银须，使我凭以悬想

陶潜、王维诗中的隐者的情调。母亲的多愁多病，将一重感伤
的阴影笼罩在我童稚的心上，而她所教的诗亦是"但见泪痕湿，
不知心恨谁""一声河满子，双泪落君前"的一类。那时我就学
作五言绝句，两寸大的小诗集是早已遗失，而十岁开始作诗的
第一首为着祖父拂髯微笑所给与的荣誉使我至今还清晰地记得：

　　　　昨朝君入市，途中草木枯。
　　　　借问傲霜菊，留得一枝无？

　　到十五岁时，从《随园诗话》中学得一些所谓写性灵的滥
调，七言绝句，眨眼即成。记得有一次为一个同学的死，在追
悼会上需要挽词，我一挥而成绝句十四首。从此人都目为才子，
而自己亦以才子自居。年假回家，祖父很欣地索我的诗卷，我
将厚厚的一本绝句集呈上，静静地准备接受赞赏。祖父在前后
看了几首以后，漠然将诗卷交回。

　　"你看过《随园诗话》没有？"祖父停了一会很蔼然地问。

　　"是的，我很喜欢它。"我以为他要介绍这部书给我看，所
以我很快地答，表示我是看过的。

　　"难怪！马上烧了《随园诗话》！烧了你这诗卷，停三年不
作诗！再精细地读一些汉魏诗及唐宋人的专集，你就得救了。"

　　这话使我冷了半截，以后就真的很久不敢作诗。

有一次为整理旧书在楼上三十几个书箱堆中，忽然发现了一部长吉歌诗集，一翻开便被骑驴寻诗的故事摄住了我的灵魂，我从此便沉陷在长吉诗中了。这时期所写的诗，几乎可说是挦撦长吉，一句一字地模拟毕肖，现在除《竹影楼读长吉诗》以外，都已经一句一字无存了，本来也就无可存的。

长吉的诗化的生活也影响我不少。

不过我没有长吉的诗人的暇豫和穷贵族的资产。长吉尚有"车如鸡栖马如狗"，而我则仅有两条腿而已；长吉尚有小奚童背古破锦囊，而我仅夹布袍的大襟上缝一大布袋而已。寒假期中，一个人踽踽地徒步百余里回家，穿过冷寂的荒山，穿过农家夫妇缩着颈煨灶坑火不敢出来的荒村，绕过薄冰掩盖着的寒塘，一个小孩从大布袋中掏出纸片时常停止脚步像抓住什么似的簌簌地追写，那便是千古下长吉的疯徒。

现在是祖姑母和祖父都已长眠，衰病的母亲又困守在匪盗围攻的孤城，旧日朝夕相随丹铅满纸的长吉歌诗注，不知是否已遭匪火。夜静，校完了长吉评传以后，电灯分外地明亮，像有意搜照我心中的悲哀，使我作长夜的追怀！

一九三〇，八，十五，礼锡

旧唐书·李贺传

刘昫 等

李贺字长吉，宗室郑王之后。父名晋肃，以是不应进士，韩愈为之作《讳辩》，贺竟不就试。手笔敏捷，尤长于歌篇。其文思体势，如崇岩峭壁，万仞崛起，当时文士从而效之，无能仿佛者。其乐府词数十篇，至于云韶乐工，无不讽诵。补太常寺协律郎，卒时年二十四。

新唐书·李贺传

欧阳修 宋祁

　　李贺字长吉，系出郑王后。七岁能辞章，韩愈、皇甫湜始闻未信，过其家，使贺赋诗，援笔辄就如素构，自目曰《高轩过》，二人大惊，自是有名。为人纤瘦，通眉，长指爪，能疾书。每旦日出，骑弱马，从小奚奴，背古锦囊，遇所得，书投囊中。未始先立题然后为诗，如它人牵合程课者。及暮归，足成之。非大醉、吊丧日率如此。过亦不甚省。母使婢探囊中，见所书多，即怒曰："是儿要呕出心乃已耳。"以父名晋肃，不肯举进士，愈为作《讳辩》，然卒亦不就举。

　　辞尚奇诡，所得皆惊迈，绝去翰墨畦迳，当时无能效者。乐府数十篇，云韶诸工皆合之弦管。为协律郎，卒，年二十七。与游者权璩、杨敬之、王恭元，每撰著，时为所取去。贺亦早世，故其诗歌世传者鲜焉。

唐才子传·李贺

辛文房

贺，字长吉，郑王之孙也。七岁能辞章，名动京邑。韩愈、皇甫湜览其作，奇之，而未信，曰："若是古人，吾曹或不知；是今人，岂有不识之理。"遂相过其家，使赋诗。贺总角荷衣而出，欣然承命，旁若无人，援笔题曰《高轩过》。二公大惊，以所乘马命联镳而还，亲为束发。贺父名晋肃，不得举进士，公为著《讳辩》一篇。后官至太常寺奉礼郎。贺为人纤瘦，通眉，长指爪，能疾书。旦日出，骑弱马，从平头小奴子，背古锦囊，遇有所得，书置囊里。凡诗不先命题，及暮归，太夫人使婢探囊中，见书多，即怒曰："是儿要呕出心乃已耳。"上灯，与食，即从婢取书，研墨叠纸，足成之。非大醉吊丧，率如此。贺诗稍尚奇诡，组织花草，片片成文，所得皆惊迈，绝去翰墨畦径，时无能效者。乐府诸诗，云韶众工，谐于律吕。尝叹曰："我年二十不得意，一生愁心谢如梧叶矣。"忽疾笃，恍惚昼见人绯衣驾赤虬腾下，持一板书，若太古雷文，曰："上帝新作白玉楼成，立召君作记也。"贺叩头辞，谓母老病，其人曰："天上比人间差乐，不苦也。"居顷之，窗中勃勃烟气，闻车声甚速，遂绝。死时才二十七，莫不怜之。李藩缀集其歌诗，因托贺表兄访所遗失，并加点窜，付以成本。弥年绝迹，及诘之，曰："每恨其傲忽，其文已焚之矣。"今存十之四五，杜牧为序者五卷，今传。

老子曰："其进锐者其退速。"信然。贺天才俊拔，弱冠而有极名。天夺之速，岂吝也耶？若少假行年，涵养盛德，观其才，不在古人下矣。今兹惜哉！

讳辩

韩愈

　　愈与李贺书，劝贺举进士。贺举进士有名，与贺争名者毁之曰："贺父名晋肃，贺不举进士为是，劝之举者为非。"听者不察也，和而唱之，同然一辞，皇甫湜曰："若不明白，子与贺且得罪。"愈曰："然。"

　　《律》曰："二名不偏讳。"释之者曰："谓若言'征'不称'在'，言'在'不称'征'是也。"《律》曰："不讳嫌名。"释之者曰："谓若'禹'与'雨'，'丘'与'蓲'之类是也。"今贺父名晋肃，贺举进士，为犯"二名律"乎？为犯"嫌名律"乎？父名晋肃，子不得举进士，若父名"仁"，子不得为人乎？

　　夫讳始于何时？作法制以教天下者，非周公、孔子欤？周公作诗不讳①，孔子不偏讳二名，《春秋》不讥不讳嫌名，康王钊之孙实为昭王。曾参之父名"晳"，曾子不讳"昔"。周之时有骐期，汉之时有杜度，此其子宜如何讳？将讳其嫌，遂讳其姓乎？将不讳其嫌者乎？汉讳武帝名"彻"为"通"，不闻又讳"车辙"之"辙"为某字也；讳吕后名"雉"为"野鸡"，不闻又讳"治天下"之"治"为某字也。今上章及诏，不闻讳"浒""势""秉""机"②也。惟宦官宫妾乃不敢言"谕"③及"机"，以为触犯。士君子言语行事，宜何所法守也？今考之于经，质之于律，稽之以国家之典，贺举进士为可邪，为不可邪？

凡事父母得如曾参，可以无讥矣；做人得如周公、孔子，亦可以止矣。今世之士，不务行曾参、周公、孔子之行，而讳亲之名，则务胜于曾参、周公、孔子，亦见其惑也。夫周公、孔子、曾参卒不可胜。胜周公、孔子、曾参，乃比于宦者宫妾，则是宦者宫妾之孝于其亲，贤于周公、孔子、曾参者邪？

---

①《诗经·周颂》中的《噫嘻》与《雍》相传为周公所作，其中有"骏发尔私""克昌厥后"句，而周公之父文王名昌，周公之兄武王名发。

② 浒、势、秉、机：与唐高祖李渊之父（名虎）、太宗李世民、世祖李昞、玄宗李隆基四人名同音。

③ 谕：与唐代宗李豫名同音。

李贺集序

杜牧

太和五年十月中，半夜时，舍外有疾呼传缄书者。牧曰："必有异。"亟取火来，及发之，果集贤学士沈公子明书一通曰："我亡友李贺，元和中，义爱甚厚，日夕相与起居饮食。贺且死，尝授我生平所著歌诗，杂为四编，凡二百三十三首。数年来东西南北，良为已失去。今夕醉解，不复得寐，即阅理箧帙，忽得贺诗前所授我者。思理往事，凡与贺话言嬉游，一处所，一物候，一日一夕，一觞一饭，显显然无有忘弃者，不觉出涕。贺复无家室子弟，得以给养恤问，常恨想其人咏味其言止矣。子厚于我，与我为贺集序，尽道其所来由，亦少解我意。"牧其夕不果以书道不可，明日就公谢，且曰："世谓贺才绝出于前。"让。居数日，牧深惟公曰："公于诗为深妙奇博，且复尽知贺之得失短长。今实叙贺不让，必不能当公意，如何？"复就谢，极道所不敢叙贺，公曰："子固若是，是当慢我。"牧因不敢复辞，勉为贺叙，终甚惭。

贺，唐皇诸孙，字长吉。元和中，韩吏部亦颇道其歌诗。云烟绵联，不足为其态也。水之迢迢，不足为其情也。春之盎盎，不足为其和也。秋之明洁，不足为其格也。风樯阵马，不足为其勇也。瓦棺篆鼎，不足为其古也。时花美女，不足为其色也。荒国陊殿，梗莽邱垅，不足为其怨恨悲愁也。鲸呿鳌掷，牛鬼蛇神，不足为其虚荒诞幻也。盖《骚》之苗裔，理虽不及，辞或过之。《骚》有感怨刺怼，言及君臣理乱，时有以激发人意。乃贺所为，得无有是。贺能探寻前事，所以深叹恨古今未尝经道者，如《金铜仙人辞汉歌》《补梁庚肩吾宫体谣》，求取情状，离绝远去，笔墨畦径间，亦殊不能知之。贺生二十七年死矣，世皆曰："使贺且未死，少加以理，奴仆命《骚》可也。"贺死后凡十有五年，京兆杜牧为其叙。

李贺小传

李商隐

京兆杜牧，为《李长吉集叙》，状长吉之奇甚尽，世传之。长吉姊嫁王氏者，语长吉之事尤备。

长吉细瘦，通眉，长指爪。能苦吟疾书，最先为昌黎韩愈所知。所与游者，王参元、杨敬之、权璩、崔植辈为密。每旦日出与诸公游，未尝得题然后为诗，如他人思量牵合以及程限为意。恒从小奚奴，骑距驴，背一古破锦囊，遇有所得，即书投囊中。及暮归，太夫人使婢受囊出之，见所书多，辄曰："是儿要当呕出心乃已耳。"上灯，与食，长吉从婢取书，研墨叠纸，足成之，投他囊中。非大醉及吊丧日，率如此，过亦不复省。王、杨辈时复来探取写去。长吉往往独骑往还京洛，所至或时有著，随弃之，故沈子明家所余四卷而已。

长吉将死时，忽昼见一绯衣人，驾赤虬，持一板书若太古篆或霹雳石文者云，当召长吉。长吉了不能读，欻①下榻叩头，言阿婆（长吉学语时，呼太夫人云）老且病，贺不愿去。绯衣人笑曰："帝成白玉楼，立召君为记，天上差乐不苦也。"长吉独泣，边人尽见之，少之，长吉气绝。常所居窗中勃勃有烟气，闻行车嘒②管之声，太夫人急止人哭，待之如炊五斗黍许时，长吉竟死。王氏姊非能造作谓长吉者，实所见如此。

呜呼！天苍苍而高也，上果有帝耶？帝果有苑囿宫室观阁之玩耶？苟信然，则天之高邈，帝之尊严，亦宜有人物文采愈此世者，何独眷眷于长吉而使其不寿耶？噫，又岂世所谓才而奇者，不独地上少，即天上亦不多耶？长吉生时二十七年，位不过奉礼太常，时人亦多排摈毁斥之，又岂才而奇者，帝独重之，而人反不重耶？又岂人见会胜帝耶？

---

① 欻（xū）：忽然。

② 嘒（huì）：拟声词，此处指车上的鸾铃声。

书《李贺小传》后

陆龟蒙

　　玉溪生传李贺云，长吉常时旦日出游，从小奚奴，骑距驴，背一古破锦囊，遇有所得，即书投囊中，暮归，足成其文。余为儿时，在溧阳闻白头书佐言：孟东野，贞元中以前秀才，家贫，受溧阳尉。溧阳昔为平陵，县南五里有投金濑，濑南八里许道东有故平陵城，周千余步，基址陂陀①，裁高三四尺，而草木势甚盛，率多大栎，合数十抱，藂②条蒙翳，如坞如洞。地洼下积水沮洳③，深处可活鱼鳖辈。大抵幽邃岑寂，气候古澹可喜，除里民樵罩外无入者。东野得之忘归，或比日，或间日，乘驴领小吏经蓦投金渚一往。至，得荫大栎隐岩篠，坐于积水之旁，

---

① 陂陀（pō tuó）：倾斜不平。

② 藂（cóng）：聚集。

③ 沮洳（jù rù）：低湿的地方。

吟到日西还。尔后衮衮去，曹务多弛废。今秃躁卞急，不佳东野之为，立白上府，请以假尉代东野，分其俸以给之，东野竟以穷去。吾闻淫畋渔者，谓之暴天物，天物既不可暴，又可抉摘刻削，露其情状乎？使自萌卵至于槁死，不能隐伏，天能不致罚耶？长吉天，东野穷，玉溪生官不挂朝籍而死，正坐是哉！正坐是哉！

李贺年谱

朱自清

李贺，字长吉，唐宗室郑王之后。

两《唐书》皆云然。贺《金铜仙人辞汉歌序》，自称"唐诸王孙李长吉"；《仁和里杂叙皇甫湜》有"宗人贷宅荒厥垣""宗孙不调为谁怜"之句；《许公子郑姬歌》有"为谒皇孙请曹植"之句。"宗人""宗孙""皇孙""曹植"，皆自谓也。

郑王有二：郑孝王亮，高祖从父，隋海州刺史，武德初进封郑王。郑王元懿，高祖第十三子，贞观十年，改封郑王。《新书》①称元懿为郑惠王，"惠"者，元懿谥也，又谓唐时称元懿后为小郑王后，亦曰惠郑王后，以别郑王亮。《宗室世系表》中复称亮为大郑王房。《旧书》虽均称郑王，然于大郑王后，追叙世系，至于大郑王子淮安王神通而止，不及大郑王。殆以世远名

---

① 《新书》：指《新唐书》，《旧书》指《旧唐书》，后文皆如此。

微，不足增重故欤？其于小郑王后，则举"郑王元懿"或"宗室郑王元懿"。《新书》于大郑王后，亦溯至大郑王次子襄邑恭王神符而止。其于小郑王后，则举"郑惠王元懿"间亦曰"郑王元懿"。两《唐书》之于二王，其分别略如此。

《旧书》谓贺为"宗室郑王之后"，曰"宗室郑王"而不名，《新书》谓"系出郑王后"，亦不名，皆以别于元懿，其理甚显。是贺当出于大郑王。田北湖氏亦持此见而无说；又谓大郑王子孙多留东都，亦无据。王礼锡氏则谓"说郑王，便是大郑王；如说《汉书》，便是《前汉书》"。又举《宗室世系表》标目，谓贺若出小郑王房，必称系出惠郑王。说虽少疏，实为有见。阎崇璩君作《李长吉年谱》，独主贺出小郑王后，然其说难自树立。

居河南府福昌县之昌谷。

福昌本为宜阳，因隋宫为名，西十七里有兰昌宫，有故隋福昌宫。西南三十四里有女几山，兰香神女上天处，遗几在焉。昌谷水亦在县西，与甘水俱流注于洛水。昌谷在县之三乡东，隋故宫北，与女几山岭阪相承。其地依山带水，有南北二园，桑竹丛生焉。

贺尝有诗《忆昌谷山居》[①]，又有《春归昌谷》诗《昌谷诗》等。《昌谷诗》盛称其地景物之美、风俗之厚。其云"遥峦相压

---

① 即《始为奉礼忆昌谷山居》。

叠，颓绿愁堕地"者，女几山也；"待驾栖鸾老，故宫椒壁圮"云云，福昌宫也；"纡缓玉真路，神娥蕙花里"，则当为兰香神女庙。

昌谷不著于地书。明曾益注《忆昌谷山居》诗，谓在陇西。盖以唐室原出陇西，贺既宗孙，又有"陇西长吉摧颓客""刺促成纪人"等语，遂意其居陇西耳。然贺自长安归昌谷，则曰"发轫东门外"，又曰"今将下东道，祭酒而别秦"；在京思家，则曰"家山远千里，云脚天东头"，又曰"犬书曾去洛，鹤病悔游秦"；自家诣京，则曰"又将西适秦"；皆谓昌谷在京师东，又近东都也。其曰"陇西""成纪"者，亦以夸其郡望，示人身为皇孙而已。宋张耒有《岁暮福昌怀古李贺宅》诗，又有《春游昌谷访长吉故居》诗，亦可证昌谷所在。

父晋肃，边上从事。

韩愈《讳辩》及两《唐书》本传均谓贺父名晋肃。《太平广记》二百二引五代王定保《摭言》，谓名瑨肃，边上从事；"瑨"字当误。

母夫人郑氏。

见《太平广记》四十九引唐张读《宣室志》。

姊嫁王氏。

李商隐《李贺小传》云："长吉姊嫁王氏者，语长吉之事尤备。"

弟犹。

贺有《示弟》诗、《勉爱行二首送小季之庐山》，又《题归梦》诗云："长安风雨夜，书客梦昌谷。怡怡中堂笑，小弟栽涧绿。"名"犹"则始见于徐渭、董懋策《唐李长吉诗集》，即在《示弟》诗题下增一字。此本云是依宋上党鲍钦正刻本，实亦不尽然。然宋本贺集今犹存蜀本、宣城本，皆无此字。

妻某氏，无出。

贺《出城》诗云：

> 雪下桂花稀，啼乌被弹归。
>
> 关水乘驴影，秦风帽带垂。
>
> 入乡试万里，无印自堪悲。
>
> 卿卿忍相问，镜中双泪姿。

王礼锡氏据此诗"卿卿"二语，谓贺有妇，是也。《咏怀》之一云"弹琴看文君，春风吹鬓影"，亦可资佐证。杜牧《李长吉歌诗叙》述沈子明语，谓"贺复无家室子弟，得以给养恤问"，疑其时郑夫人及贺妻均已亡殁，贺又无子，故沈云云也。

族兄数辈。

见于诗者三人，曰二兄，曰正字十二兄，曰十四兄。诗各一见：《奉和二兄罢使遣马归延州》《秋凉寄正字十二兄》《潞州张大宅病酒遇江使寄上十四兄》是也。知为族兄者，以贺与诸人迹甚疏，诗语亦不亲切故。

贺细瘦，通眉，巨鼻，长指爪。能苦吟疾书。

见李《传》及《巴童答》诗。诗云："巨鼻宜山褐，庞眉入苦吟。""庞眉"即"通眉"，俗所谓"浓眉"也。王礼锡先生以为白黑相杂，非是。

德宗贞元六年庚午（790），贺一岁。贺当生于是年。①

杜牧《李长吉歌诗叙》作于文宗太和五年（831）十月，叙中谓"贺生二十七年死矣"，又谓"贺死后凡十五年，京兆杜牧为其叙"。自太和五年（831）上溯十五年为宪宗元和十一年（816），贺当于是年死。更依中土计齿常例，上溯二十七年，为德宗贞元六年（790），贺当于是年生。

是年韩愈二十三岁，后为贺作《讳辩》。皇甫湜十四岁，后于贺亦颇加推引。贺尝为二人作《高轩过》诗。

贞元七年辛未（791），二岁。

贞元八年壬申（792），三岁。

贞元九年癸酉（793），四岁。是年元稹十五岁，两经擢第。

贞元十年甲戌（794），五岁。

贞元十一年乙亥（795），六岁。

贞元十二年丙子（796），七岁。

---

① 此《年谱》与前文王礼锡所考证有所差异，现仍照原文录于此。

《新书》本传云：

　　七岁能辞章。韩愈、皇甫湜始闻未信。过其家，使贺赋诗，援笔辄就如素构，自目曰《高轩过》。二人大惊。自是有名。

《太平广记》二〇二引《摭言》亦云：

　　贺年七岁，以长短之歌名动京师。时韩愈与皇甫湜贤贺所业，奇之而未知其人。因相谓曰："若是古人，吾曹不知者；若是今人，岂有不知之理！"会有以瑨肃行止言者，二公因连骑造门，请其子。既而总角荷衣而出。二公不之信，因面试一篇。贺承命欣然，操觚染翰，旁若无人，仍目曰《高轩过》，曰"华裾云云"。二公大惊。遂以所乘马，命联镳而还所居，亲为束发。

《高轩过》诗题云："韩员外愈、皇甫侍御湜见过，因而命作。"按是年愈未为员外，湜亦尚未擢进士第；且诗有"秋蓬""死草""垂翅"等语，亦不当出于七龄童子之手。

贞元十三年丁丑（797），八岁。

贞元十四年戊寅（798），九岁。

贞元十五年己卯（799），十岁。

贞元十六年庚辰（800），十一岁。

贞元十七年辛巳（801），十二岁。

贞元十八年壬午（802），十三岁。

贞元十九年癸未（803），十四岁。杜牧生。贺死十五年，牧为作歌诗叙。

贞元二十年甲申（804），十五岁。以乐府歌诗名于时。

《新书》二〇三《李益传》云："益，故宰相揆族子，于诗尤所长。贞元末，名与宗人贺相埒。每一篇成，乐工争以赂求取之，被声歌，供奉天子。"两《唐书》贺传亦谓其长于歌篇；乐府数十篇，云韶乐工皆合之弦管。然沈亚之序诗云：

　　余故友李贺善择南北朝乐府故词。其所赋不多，怨郁凄艳之功诚以盖古排今，使为词者莫得偶矣。惜乎其终亦不备声弦唱。贺名溢天下。年二十七，官卒奉常。由是后学争踵贺，相与缀裁其字句，以媒取价。呜呼，贡讽合韵之勤益远矣。

审是则两《唐书》所记云韶乐工皆合之弦管等语为不实矣。然亚之此文，似于贺及当世作者不无微词，味所引末句及上文，

"近世学者之词何为不闻充陈于管弦"之问，可见；疑所言或过其实也。按贺诗实可歌，《申胡子觱篥歌》序云：

> 歌成，左右人合噪相唱。朔客大喜，擎觞起立，命花娘出幕，徘徊拜客。吾问所宜。称"善平弄"，于是以弊辞配声，与予为寿。

又《花游曲》序云：

> 寒食诸王妓游。贺入座，因采梁简文诗调赋《花游曲》与妓弹唱。

则两《唐书》云云，固未必尽诬。抑《花游曲序》复足证贺以乐府得名，不独其词"盖古排今"，亦其能"备声弦唱"也。所谓"备声弦唱"，初不必全篇入乐，孟棨《本事诗》记梨园弟子歌李峤《汾阴行》末四语，为玄宗所赏，是其例。《觱篥歌》《花游曲》皆贺以后所作。时贺似尚居昌谷，未诣京；其歌诗传播，当是由东都而西。贺亦颇自负其乐府，《申胡子觱篥歌序》略可见。又《公莫舞歌序》谓"南北乐府率有歌引，贺陋诸家，今重作"云云，尤为露才扬己。今集第四卷及外集中多乐府诗。

　　贺乐府歌诗盖上承梁代"宫体",下为温庭筠、李商隐、李群玉开路。详宫体之势,初唐以太宗之好尚,一时甚盛;至盛唐而浸①衰,至贺而复振焉。盖唐人好词,杜甫以议论入诗,又时以文为诗,顾不为当时所重,选家多不之及,即元稹亦只推其排律,至宋初杨亿,犹目为"村夫子",此中消息可知。贺既以词为主,用奇僻济宫体浮艳之穷,其《还自会稽歌》《金铜仙人辞汉歌》又有如杜牧所称"求取情状,离绝远去"者,则其见重于世,盖自有故。抑唐人承六代遗习,极重乐府歌诗——伶官妓女亦往往取文人所作谱入管弦,世所传旗亭画壁,是其事也。则贺之以乐府知名,盖亦当日风气使然。于时张籍、王建皆以工乐府闻;惟张所作多存讽喻之旨为异。

顺宗永贞元年乙酉(805),十六岁。

宪宗元和元年丙戌(806),十七岁。时鬓已斑白。

　　《春归昌谷》诗云:"终军未乘传,颜子鬓先老。"颜子年二十九而发白,见《家语》②。《汉书》六十四《终军传》,军年十八,至长安上书言事。武帝异其文,拜为谒者给事中,使行郡国,建节东出关,所见便宜以闻。"乘传"当指此。"未乘传"谓未及终军乘传之年;盖贺发白于十八以前也。

---

① 浸:渐渐。
② 即《孔子家语》:"颜回,鲁人,字子渊,少孔子三十岁。年二十九而发白,三十一早死。"

《绿章封事》诗疑作于是年。《新书》三十六《五行志》谓本年"夏浙东大疫，死者大半"。诗题云："为吴道士夜醮作"；诗云："虚空风气不清冷，短衣小冠作尘土。"按《洛阳伽蓝记》二"景宁寺"条载元慎�陈庆之曰"吴人之鬼，住居建康，小作冠帽，短制衣裳，自呼阿侬，语则阿傍"云云。疑"短衣小冠作尘土"即指浙东死者。诗中有"六街"字，殆在东都设醮也。

元和二年丁亥（807），十八岁。至东都，以歌诗谒韩愈。

唐张固《幽闲鼓吹》（顾氏文房小说本，后同）云：

> 贺以歌诗谒韩吏部。吏部时为国子博士分司。送客归，极困。门人呈卷，解带旋读之。首篇《雁门太守行》曰："黑云压城城欲摧，甲光向日金鳞开。"却援带，命邀之。

据洪兴祖《韩子年谱》及方崧卿附录，愈以去年夏为国子博士，本年秋分司东都。贺来谒当在是时；按福昌在东都西一百五十里，往来甚易也。然此文与《摭言》所记《高轩过》诗故事颇不合；彼谓贺始识韩在作诗时。小说固难尽信，姑并存之。

丁外艰疑在是年。

《太平广记》二〇二引《摭言》谓贺"年未弱冠，丁内艰"。但据李《传》及《广记》引《宣室志》，贺死时，太夫人固及见。田北湖氏以为当是"外艰"之误，理或有然。贺以元和五年（810）应进士举入京，其时当已服阕；而《摭言》云"年未弱冠"，当去冠年甚近故疑在是年。

是年贺所与游者，王参元、杨敬之、权璩登进士第。

柳宗元有《贺进士王参元失火书》；《书史会要》"工于翰墨类"中有"王参元"名。杨敬之，字茂孝，擢第后为右卫胄曹参军。官卒连州刺史，《新书》一六一有传。权璩，德舆子，字大珪，历监察御史，有美称。官至中书舍人。《新书》一六五有传。贺后有《出城寄权璩杨敬之》诗。

元和三年戊子（808），十九岁。

《黄洞蛮》①诗当作于是年。据《新书》及《通鉴》，贞元、元和间黄洞蛮为寇凡三次：一在贞元十年（794），贺才五岁。一在元和十一年（816）十一月，是年贺死。一在本年五六月。《通鉴》记其事云：

（五月）西原蛮酋长（《新书》称为黄洞首领）黄少卿请降。六月癸亥，以为归顺州刺史。

① 即《黄家洞》。

然未几复叛。贺诗作于本年为近理，当在六月后。

元和四年己丑（809），二十岁。在东都。韩愈、皇甫湜相过，贺为作《高轩过》诗。

诗题语已见，诗云：

> 华裾织翠青如葱，金环压辔摇玲珑。
>
> 马蹄隐耳声隆隆，入门下马气如虹。
>
> 云是东京才子，文章巨公。
>
> 二十八宿罗心胸，元精耿耿贯当中。
>
> 殿前作赋声摩空，笔补造化天无功。
>
> 庞眉书客感秋蓬，谁知死草生华风。
>
> 我今垂翅附冥鸿，他日不羞蛇作龙。

诗明言东都，故知贺是年在斯。《洪谱》考愈于本年改都官员外郎，守东都省。《附录》谓愈除都官为六月十日，则过贺当在其后。

皇甫湜以元年（806）擢进士第。去年与牛僧孺、李宗闵并登"贤良方正能直言极谏科"，对策侮宰相，牛调伊阙尉，李洛阳尉。《新书》本传谓湜为陆浑尉，当亦在此时。牛、李后皆迁监察御史，湜当亦尔。监察御史十五人，属御史台，正八品下，掌分察百寮，巡按州县，众呼"侍御"。巡按分十道，本年湜之至东都，当即为巡按来也。

愈、湜甚负时誉，"东京才子文章公"殆非谀词而已。其过贺足为增名不少，贺之感激可知。故有秋蓬、生风、附鸿、作龙之语，信其能相推引也。《摭言》记牛僧孺事云：

> 韩愈皇甫湜，一代"龙门"。牛僧孺携所业谒之。其首篇《说乐》，韩始见题即掩卷问曰："且以拍板为什么？"僧孺曰："乐句。"二公大称赏。俟其他适，访之，大署其门曰："韩愈、皇甫湜同访。"翌日，遗阙以下，咸往投刺，因此名振。

观此可见当时风气一斑。

是年张彻登进士第。

彻为韩愈门下士，又其从子婿。官至范阳府监察御史，穆宗长庆二年（822）骂贼死，赠给事中。事详愈所为墓志中。贺后有《酒罢张大彻索赠诗》《潞州张大宅被酒》① 二诗。

元和五年庚寅（810），二十一岁。是年韩愈为河南令。贺应河南府试，作《十二月乐词》，获隽。冬，举进士入京。

唐乡贡进士由京兆、河南、太原、凤翔、成都、江陵诸府送者为府试，多差当府参军或属县主簿与尉为试官。学者皆怀

————————
① 即《潞州张大宅病酒遇江使寄上十四兄》。

牒自列于县。试已，长吏以乡饮酒礼会属僚，设宾主，陈俎豆，备管弦，牲用少牢，歌《鹿鸣》之诗，因与耆艾叙少长焉。

是年韩愈有《燕河南府秀才诗（得"生"字）》云：

吾皇绍祖烈，天下再太平。

诏下诸郡国，岁贡乡曲英。

元和五年冬，房公尹东京。

功曹上言公，是月当登名。

乃选二十县，试官得鸿生。

群儒负己材，相贺简择精。

怒起簸羽翮①，引吭吐铿轰。

此都自周公，文章继名声。

自非绝殊尤，难使耳目惊。

今者遭震薄，不能出声鸣。

鄙夫忝县尹，愧栗难为情。

惟求文章写，不敢妒与争。

还家敕妻儿，具此煎炰②烹。

柿红蒲萄紫，肴果相扶擎③。

---

① 翮（hé）：羽毛，代称翅膀。

② 炰（páo）：烹煮。

③ 擎（qíng）：通"擎"，托，举。

芳茶出蜀门，好酒浓且清。

何能充欢燕，庶以露厥诚。

昨闻诏书下，权公作邦桢。

文人得其职，文道当大行。

阴风搅短日，冷雨涩不晴。

勉哉戒徒驭，家国迟子荣。

叙乡贡事甚详。田北湖氏谓愈为举主，观此知举主盖河南
尹房式，非愈也。惟愈尝与贺书，劝其举进士，见《讳辩》。
**或毁贺曰："父名晋肃，子不得举进士。"韩愈为作《讳辩》，然
贺卒不就试，归。**

《讳辩》曰：

贺举进士有名。与贺争名者毁之曰："贺父名晋
肃，贺不举进士为是，劝之举者为非。听者不察也和
而唱之，同然一辞。皇甫湜曰："若不明白，子与贺且
得罪！"

文中举"二名不偏讳"及"不讳嫌名"之条，谓"考之于
经，质之于律，稽之于国家之典"，贺举进士，宜可无讥。按应
进士举与就进士试非一事；一乡贡入京，一赴礼部试也。乡贡

进士例于十月二十五日集户部，正月乃就礼部试。贺已应举，即为进士，惟未赴礼部耳。毁之者意在不使就试，至其举进士，乃既成之局，彼辈固无如何也。唐制，举进士而未第者曰进士，曰举进士，通称曰秀才，得第者曰进士第，曰前进士，与后世异。

唐人应试，极重家讳。宋钱易《南部新书》丙云：

> 凡进士入试，遇题目有家讳，谓之文字不便，即托疾下将息状来（求）出云："牒某忽患心痛，请出试院将息，谨牒如的。"

时俗如此，贺之不就试，殆不仅负气而已。按唐制，众科之目，进士尤为贵。由此而出者，终身为文人，故争名，常为时所重。又缙绅虽位极人臣，不由进士者终不为美。世推为"白衣公卿"，又曰"一品白衫"。然获隽良不易。名为岁举，而科场或开或不开。每擢第复不满数十，或不满十。时有"五十少进士"之语，谓其难也。故得人虽盛，较之他流则狭。观此则贺之不应试所失甚巨；贺方盛年，固以远大自期，遭此坎坷，其怨愤无聊可以想见。其诗如"二十男儿那刺促""长安有男儿，二十心已朽""我当二十不得意，一心愁谢如枯兰""少年心事当拿云，谁念幽寒坐呜呃""壮年抱羁恨，梦泣生白头""天网信崇大，矫士常慅慅^①""文章何处哭秋风"，皆此物此志也。沈亚之谓其所赋，怨郁凄艳之功，盖古排今，杜牧论其诗，以为《骚》之苗裔，理虽不及，辞或过之"，盖有以激之使然。

唐康骈《剧谈录》（学津讨原本）云：

　　元和中进士李贺善为歌篇，韩文公深所知重。于缙绅之间每加延誉，由此声华籍甚。时元相国积年老（少），以明经擢第，亦攻篇什。常愿交结贺。一日执贽造门，贺揽刺不容，遽令仆者谓曰："明经擢第，何事来看李贺？"相国无复致情，惭愤而退。其后左拾遗制策登科目，当要路。及为礼部郎中，因议贺祖祢讳"进"（"晋"），不合应进士举。贺亦以轻薄，时辈所排，遂成轗轲^②。文公惜其才，为著《讳辩录》明之。然竟不成事。

　　按元稹明经擢第，贺才四岁。事之不实，毋庸详辩。抑两《唐书》稹传仅谓其穆宗长庆初擢祠部郎中。祠部郎中虽亦属礼部，然所掌为"祠祀、享祭、天文、漏刻、国忌、庙讳、卜筮、医药、僧尼之事"，与礼部郎中掌礼乐学校等事者异，昧者不

---

① 慅慅（sāo）：烦忧。
② 轗（kǎn）轲：道路不平，比喻境遇差，不得志。

察，遂张冠李戴耳。然唐时明经进士二科同为士子所趋，而明经较易，人较多，故进士尤贵；此文虽不实，亦可见风气也。

是年冬，自京归里。

有《出城》诗，已见，以"啼乌被弹归"为喻，"无印自堪悲"矣。

元和六年辛卯（811），二十二岁。为奉礼郎当在是年。

据《示弟》诗及《勉爱行》之二，贺在京师三年，又据《客游》诗，游赵三年，而贺死于元和十一年（816）；依此推算，其为奉礼郎不能晚于是年。是年韩愈入为行尚书职方员外郎，或当与贺偕；贺之得官，或亦愈为之地也。贺有《始为奉礼忆昌谷山居》诗，句云："小树枣花春。"知在春时。

奉礼郎属太常寺，从九品上，掌君臣版位，以奉朝会祭祀之礼。宗庙则设皇帝位于庭，九庙子孙列焉，昭穆异位，去爵从齿。凡樽彝勺幂、筐坫簠簋、登铏笾豆①，皆辨其位。凡祭祀朝会，在位拜跪之节，皆赞导之。公卿巡行诸陵，则主其威仪鼓吹而相其礼。

唐选人之制，六品以下，须集而试；先试"书""判"，继察"身""言"。王鸣盛疑贺以恩荫得官，近之。《新书·选举志》，太庙及郊社斋郎即以荫子为之，然亦须应试；贺之为奉礼郎，

---

① 樽（zūn）彝（yí）勺幂（mì）、筐（fěi）坫（diàn）簠（fǔ）簋（guǐ）、登铏（xíng）笾（biān）豆：皆为放祭品的器具。

殆亦由斯道也。然实不乐此。是年冬《赠陈商》诗记其事云：

> 风雪直斋坛，墨组贯铜绶。
>
> 臣妾气态间，唯欲承箕帚。
>
> 天眼何时开，古剑庸一吼。

愤郁之情如见。贺屡以剑自比，《出城寄权璩杨敬之》诗云"自言汉剑当飞去"，《走马引》云"我有辞乡剑，玉锋堪截云"，皆不甘居人下之意。

陈商，字述圣，见诗。元和九年（814）擢进士第。武宗时，权知礼部贡举，官至秘书监。许昌县①开国男。卒于宣宗时，赠工部尚书。韩愈有《答陈商书》，云："今举进士于此世，求禄利行道于此世，而为文必使一世人不好，得无与操瑟立齐门者比欤？"正诗所谓"学为尧舜文，时人责衰偶"也。

四月，居崇义里，与朔客李氏对舍。

《申胡子觱篥歌》序云："……"②贺初得官，宜有定居，诗当作于是年。此序并可见贺之诗功，及五言之衰。

《幽闲鼓吹》云：

---

① 今河南省许昌市。

② 前文已见，此处略。

李藩侍郎尝缀李贺歌诗,为之集序未成。知贺有表兄与贺为笔砚之旧,召之见,托以搜访所遗。其人敬谢,且请曰:"某尽得其所为,亦见其多点窜者,请将所茸者视之,当为改正。"李公喜,并付之。弥年绝迹。李公怒,复召诘之。其人曰:"某与贺中外,自小同处,恨其傲忽,常思报之。所得并旧有者,一时投于溷中矣。"李公大怒,叱出之,嗟恨良久。故贺篇什流传者少。

审此文当是贺死后事。然《旧书》一四八藩传,谓其死于本年,年五十八;则张固所叙亦妄言之耳。

元和七年壬辰(812),二十三岁。是年沈亚之下第,归吴江,贺作诗送之。

《送沈亚之歌》诗序云:

文人沈亚之,元和七年以书不中第,返归于吴江。吾悲其行,无钱酒以劳,又感沈之勤请,乃歌一解以送之。

可见贺之贫也。是年冬,亚之有《与京兆试官书》,见集。亚之字下贤,吴兴人。元和十年(815)登进士第。历辟藩府。

尝游韩愈门。贺许其工为情语，有窈窕之思。终郢州掾，有集。

是年李汉登进士第。

《旧书》一七一，汉字南纪，亦唐宗室。韩愈门下士，又其子婿。擢第后累辟使府。官终汾州司马，武宗会昌中沦踬[①]而卒。贺后有《出城别张又新酬李汉》诗。

是年李商隐生，后为贺作小传。

元和八年癸巳（813），二十四岁。是年春，以病辞官，归昌谷。

《示弟》诗云"别弟三年后"，《勉爱行送小季之庐山》之二云"维尔之昆二十余，年来持镜颇有须。辞家三载今如此，索米王门一事无"。玩"索米王门"句，知所指为居京三年事。又《勉爱行》之一云"洛郊无俎豆，弊厩惭老马"，正自嘲失奉礼郎。贺五年冬入京，至此适三年也。

《春归昌谷》诗云：

逸目骈甘华，羁心如荼蓼。

旱云二三月，岑岫相颠倒。

谁揭赪玉盘，东方发红照。

春热张鹤盖，兔目官槐小。

思焦面如病，尝胆肠似绞。

京国心烂漫，夜梦归家少。

---

① 踬（zhì）：被绊倒，引申为事情不顺利，失败。

发轫东门外，天地皆浩浩。

《出城别张又新酬李汉》诗云：

李子别上国，南山崆峒春。

不闻今夕鼓，差慰煎情人。

赵壹赋命薄，马卿家业贫。

乡书何所报，紫蕨生石云。

京师临发情景如此。贺诗常言"官槐"，或曰"行槐"，《勉爱行》之二云"官槐如兔目"，《送韦仁实兄弟入关》诗云"行槐引西道"，知唐时官道多植槐也。

《出城寄权璩杨敬之》诗云"自言汉剑当飞去，何事还车载病身"！《示弟》诗又云"病骨犹能在，人间底事无"！《仁和里杂叙皇甫湜》诗云"归来骨薄面无膏，疫气冲头鬓茎少"，皆言病。知其非假归者，是年秋《自昌谷到洛后门》诗云"始欲南去楚，又将西适秦"，糊口之方未定，其无官甚明也。然病实托词，《仁和里杂叙》诗云"宗孙不调为谁怜"，《出城别张酬李》诗云：

长安玉桂国，载带披侯门。

惨阴地自光，宝马踏晓昏。

腊春戏草苑，玉辂鸣辇辚。

绿网缒金铃，霞卷清地漘①。

开贯泻蚨母，买冰防夏蝇。

时宜裂大被，剑客车盘茵。

小人如死灰，心切生秋榛。

所谓"长安居，大不易"，区区奉礼郎，真"方朔饥欲死"矣。其前数语以赵壹、马卿自况，实由衷之言，不同戏论。

归途所历，皆著为诗。

有《经沙苑》《过华清宫》《新夏歌》《铜驼悲》《三月过行宫》《兰香神女庙》诸篇，皆纪春景，或明言三月，知作于此时也。《金铜仙人辞汉歌》疑亦此时作，盖辞京赴洛，百感交并，故作非非想，寄其悲于金铜仙人耳。

家居撰著读诵，有燕婉之乐；送弟之庐山谋食。

《勉爱行》情辞凄切，有云"欲将千里别，持此易斗粟"，所谓"马卿家业贫"，不得不尔。味"官槐如兔目"句，贺时甫归来耳。《咏怀》亦复以马卿自许：曰"弹琴看文君，春风吹鬓影"，此琴瑟之好也。曰"惟留一简书，金泥泰山顶"，曰"日夕著书罢"，此传后志也。《昌谷诗》（题下云"五月二十七日

---

① 漘（chún）：水边。

作"，当系自注）《南园》《昌谷北园新笋》，皆此时作。

秋有《昌谷读书示巴童》诗、《巴童答》诗。其《示巴童》云"虫响灯光薄，宵寒药气浓。君怜垂翅客，辛苦尚相从"，怨抑深矣。送韦仁实兄弟入关，当在此时。诗云："君子送秦水，小人巢洛烟……我在山上舍，一亩蒿磽①田。夜雨叫租吏，春声暗交关。谁解念劳劳，苍突唯南山。"略可知其所以自处。"一亩蒿磽田"耳，犹不能脱催租吏手，苦已。《秋来》诗之凄楚，宜作于此时。又《秋凉诗寄正字十二兄》云：

闭门感秋风，幽姿任契阔。

大野生素空，天地旷肃杀。

露光泣残蕙，虫响连夜发。

房寒寸辉薄，迎风绛纱折。

披书古芸馥，恨唱华容歇。

与前首俱咏秋夜读书事。《还自会稽歌》疑此时作。"湿萤""秋衾""吴霜""塘蒲"固是即景语，"梦铜辇""点归鬓""辞金鱼"亦以抒其辞官归里不忘京华之情焉。杜牧论《铜仙歌》与此诗"求取情状，离绝远去，笔墨畦迳间，亦殊不能知之"。实则固非全无畦迳可寻耳。《南山田中行》当亦是时作。"南山"

---

① 磽（qiāo）：土地贫瘠。

即前所云"苍突唯南山"者，诗中有"九月"句，乃作诗实候。末云"鬼灯如漆点松花"，足见其荒寂也。

韦仁实见两《唐书·王播传》，谓其官补阙，尝与独孤朗等奏播之奸邪云。

冬十月，复入京，与皇甫湜别。

湜时为监察御史如故。贺时与往还，《官不来题皇甫湜先辈厅》诗云：

> 官不来，官庭秋，老桐错干青龙愁。
>
> 书司曹佐走如牛，叠声问佐官来否。
>
> 官不来，门幽幽。

诗作于秋日，先辈乃推敬进士已第者之称。此为诙谐之作，集中仅此与《唐儿歌》《嘲谢秀才》等五首耳。盖以嘲湜之处闲曹也。《仁和里杂叙》诗云：

> 大人乞马癯乃寒，宗人贷宅荒厥垣。
>
> 横庭鼠径空土涩，出篱大枣垂珠残。
>
> 安定美人截黄绶，脱落缨裾暝朝酒。
>
> 还家白笔未上头，使我清声落人后。

　　枉辱称知犯君眼，排引才升强綆①断。

　　洛风送马入长关，阊扇未开逢狻犬。

　　那知坚都相草草，客枕幽单看春老。

　　归来骨薄面无膏，疫气冲头鬓茎少。

　　欲雕小说干天官，宗孙不调为谁怜。

　　明朝下元复西道，崆峒叙别长如天。

　　仁和里在东都城南，《河南志》引韦述《两京记》云"此坊北侧数坊，去朝市远，居止稀少，惟园林滋茂耳"。贺盖僦②居于是，诗中所云"宗人贷宅荒厥垣"，与韦记正合也。诗首四语咏二人寒酸情景，同病相怜。次四语谓湜官卑不调，逃于麴蘖③之中。次四语述韩愈与湜相援引，令其举进士，而卒为人所毁。次二语谓欲上书吏部，乞其见怜。末二语则谓将复西行入京。唐人谓十月望日为"下元"，"崆峒"即《出城别张酬李》诗"南山崆峒春"之"崆峒"，指京师；诗中用语，不必泥也。诗题下旧有旁注云"湜新尉陆浑"，当是后人所加，玩诗中所记，即知其误。

　　贺之行当在十月望后，复有《洛阳城外别皇甫湜》诗云：

---

① 綆（gěng）：大绳，粗索。

② 僦（jiù）：租赁。

③ 麴蘖（qū niè）：指酒。

洛阳吹别风，龙门起断烟。

冬树束生涩，晚紫凝华天。

单身野霜上，疲马飞蓬间。

凭轩一双泪，奉坠绿衣前。

唐人送别，皆在向晚，明发行人乃首途，故有"晚紫凝华天"之句。唯诗言"绿衣"，似与唐制迕。肃宗上元元年（760）制，六品服深绿，七品服浅绿，八品服深青，九品服浅青。监察御史正八品下，不应绿衣。意者亦如"侍御"之称，不妨假借，抑诗中用语固不必拘定制欤？

贺盖先归昌谷省视，十月末始由昌谷到洛后门，然后西去，《自昌谷到洛后门》诗云"寒凉十月末，雪霰蒙晓昏"是也。贺盖尝居洛后门，故有"强行到东舍，解马投旧邻"之语。时贺"始欲南去楚，又将西适秦"，彷徨未即定，乃欲以杖头钱就卜者占之。贺有十四兄在楚，思往依之，求其援引，然又恐楚地局于方隅，未必能以文显，故卒西行也。惟此行竟无所成就，亦似无诗。

寻贺在京师三年，韩愈亦在京师。故所与游多愈门下。贺交游有姓名可考者十四人，愈以外，若皇甫湜、沈亚之、李汉、陈商、张彻皆其门下士若后辈，其所以推引贺者至矣。后贺依张彻于潞州者复三年，向使不识愈，焉能若是？则谓其平生出处，系于愈一人可也。

贺交游之事迹可考者尚有张又新、崔植。《新书》一五七，又新字孔昭，元和九年（814）及进士第。历左右补阙。终左司郎中。善文辞，再以谄附败丧其家声。又一四二，崔植字公修，元和中为给事中。终华州刺史，赠尚书左仆射。

李《传》谓贺所与游者王参元、杨敬之、权璩、崔植为密。每旦日出与诸公游云云，及暮归，太夫人使婢受囊云云。似贺在京时与太夫人偕者。然贺既无产业，奉礼微禄固不足迎养，抑其弟与其妇明居昌谷，亦无任太夫人独出之理。疑《传》语不尽实也。

集中诸诗，不能定其为何年，然可知为在京师三年间作者有《李凭箜篌引》《同沈驸马赋得御沟水》《春坊正字剑子歌》《老夫采玉歌》《伤心行》《宫娃歌》《送秦光禄北征》《酬答》《嘲谢秀才》《难忘曲》《夜饮朝眠曲》《崇义里滞雨》《奉和二兄罢使遣马归延州》《答赠》《花游曲》《牡丹种曲》《秦宫诗》《杨生青花紫石砚歌》《章和二年中》《五粒小松歌》《吕将军歌》《京城》《官街鼓》《许公子郑姬歌》《沙路曲》《题归梦》《昆仑使者》《听颖师弹琴歌》等，皆咏京朝人、京朝事，或京朝风物者。

元和九年甲午（814），二十五岁。是年自京师归，秋至潞州，依张彻，时彻初效潞幕。

《客游》诗云：

悲满千里心，日暖南山石。

不谒承明庐，老作平原客。

四时别家庙，三年去乡国。

旅歌屡弹铗，归问时裂帛。

诗云"老作平原客"，用赵国故事，而《酒罢张大彻索赠诗（时张初效潞幕）》诗云"葛衣断碎赵城秋"，又《潞州张大宅病酒》诗云"当知赵国寒"，知"客游"指潞州。诗又云"三年去乡国"则游潞之时甚久，计其始去之期不能晚于本年，而诗则当作于元和十一年（816），即贺卒年也。

潞州，今山西长治县①。按《新书》六十六《方镇表》，德宗建中元年（780）昭义军节度使兼领泽潞二州，徙治潞州。泽州，今山西晋城县②。是年至十一年郗士美为节度使。唐世士人初登科或未仕者，多以从诸藩府辟置为重。彻登科在元和四年（809），当未仕，故是年应潞将辟。知在是年者，贺《酒罢张大彻索赠诗》之作，题有"初效潞幕"之文也。诗有"公主遣秉鱼须笏"一语，不知公主何指，彻或其所介欤？彻所司为章奏，其职盖甚劳苦，诗云"匣中章奏密如蚕"者是也。贺之来则又

---

① 长治县：今长治市。

② 晋城县：今晋城市。

依彻以见于郜者。

贺有《七月一日入太行山》①诗，当作于是年，以自洛诣潞，必经太行也。又以此知其必先自京归。——李《传》云"长吉往往独骑往还京洛"，事或有然——阎《谱》②谓贺潞州之行，先抵河阳（今孟县③），作《河阳歌》；次入太行，作诗；次至长平（今晋城），作《长平箭头歌》；次经高平，作《高平县东私路》诗；遂达于潞。此说验之地理而合，又诸诗皆明言"秋"或叙秋日景色，信是一时之作。惟尚有《贵主征行乐》一诗，有"中军留醉河阳城"语，王琦疑"当时有公主出行，宴饮于河阳城中，长吉见之而作是诗"，说可信；意者其即"遣秉鱼须笏"之公主欤？又《将发》诗疑当是发东都时作。诗云"东床卷席罢，护落将行去。秋白遥遥空，日满门前路"，亦失志无聊之情也。

《酒罢张大彻索赠诗（时张初效潞幕）》诗，当作于初至潞时。诗云"长鬣张郎三十八，天遣裁诗花作骨"，张盖甚有佳趣人。《潞州张大宅病酒逢江使寄上十四兄》诗云"秋至昭关后，当知赵国寒"，亦在秋日，惟不能定为何年。曰"赵国"者，王琦云：

---

① 即《七月一日晓入太行山》。

② 即阎崇璩《李长吉年谱》。

③ 孟县：今孟州市。

潞州，春秋时潞子国。战国时为上党地，初属韩；其后冯亭以上党降赵，又为赵地。

昭关在今安徽和县，古属楚，盖十四兄所在。诗云"觉骑燕地马，梦载楚溪船"，犹是昔年欲"南适楚"之旨。

寻贺之不能忘楚，或为糊口之方，或为兄弟之好，然似尚有不止于此者。诗末云"椒桂倾长席，鲈鲂斫玳筵。岂能忘旧路，江岛滞佳年"，旧解殊不了了。椒桂鲈鲂明非潞产，句当属下读，谓少时尝滞留江岛，至今难忘旧路耳。集中咏南中风土者颇多，其中固有用乐府旧题者，然读其诗，若非曾经身历，当不能如彼之亲切眷念。如《追和柳恽》《大堤曲》《蜀国弦》《苏小小墓》《湘妃》《黄头郎》《湖中曲》《罗浮山人与葛篇》《画角东城》《钓鱼诗》《安乐宫》《石城晓》《巫山高》《江南弄》《贝宫夫人》《江楼曲》《莫愁曲》等，踪迹皆在吴楚之间。意贺入京之先，尝往依其十四兄，故得饱领江南风色也。其《七夕》诗末云"钱塘苏小小，更值一年秋"，注家多不明其何以忽及苏小小，颇疑其不伦，明此当可释然。

元和十年乙未（815），二十六岁。在潞州。

元和十一年丙申（816），二十七岁。是年自潞州归，卒。《客游》诗已见，当作于是年。

《李传》云："长吉将死时……实所见如此。"①《太平广记》四十九引《宣室志》亦云："其先夫人郑氏，念其子深。及贺卒，夫人哀不自解。一夕梦贺，如平生时。……夫人寤，甚异其梦，自是哀少解。"②李《传》力求人信，《宣室志》托之梦寐，增其枝叶，务在炫耀而已。然文俱甚美。张氏固以为梦寐无凭，兹故毋庸深究，但论李《传》。《新书》本传多采李氏，然悉删此节，虽以求简，亦为"其言颇涉于怪"耳。顾事亦未必全出于"造作"。大抵贺赋性怪僻，而多奇情异采，既遭谤毁，幽忧弥甚，遂出其全力为诗。然与郊、岛辈之苦吟亦异，要以求新意为急。杜牧所论"荒国陊殿，梗莽邱垅，不足为其怨恨悲愁也。鲸呿鳌掷，牛鬼蛇神，不足为其虚荒诞幻也"，最为得之。王礼锡先生谓其好用"死"字，"哭""泣""泪"等字。故其诗凄然有鬼气。洪为法先生谓贺惟畏死，不同于众，时复道及死，不能去怀；然又厌苦人世，故复常作天上想。李《传》所记，曰白玉楼，应是贺意中乐土，曰召之作记，则贺向之全力以赴之者，乃有自见之道。濒死神志既亏，种种想遂幻作种种行，要以泄其隐情，偿其潜愿耳。其说是也。

两《唐书》均言贺为协律郎而不及奉礼郎。《新书·百官志》，协律郎亦属太常寺，正八品上，掌和律吕。学须专门，故

---

① 前文已见，此处略。
② 前文已见，此处略。

高于奉礼者二级。德宗时尝有试太常寺协律郎之举，著于《新书》四十五《选举志》，足征人选之重。贺虽以乐府知名，然于音律一道，不闻有所献替，又以进士不第之人，骤膺正八品上之职，唐制似亦所不许。且贺为奉礼，自言之，沈亚之言之，其王氏姊亦言之。两《唐书》之误无疑。盖以云韶乐工，取其乐府合于弦管，遂牵连而及，意其能协律耳。田北湖氏作调和之论，谓兼摄协律，事或有之，惟未尝久于其位，引《别张又新酬李汉》诗"吾将嗓礼乐，声调摩清新。欲使十千岁，帝道如飞神"为证。然王琦注前二语云"谓作为雅颂，以歌咏休明之德。嗓者，不惮多言之意"，与协律无涉也。

《王濬墓下作》诗当作于在潞州时。濬墓在虢州恒农县（今河南灵宝县①南），贺殆于役其地而有是作，诗云"秋藜""菊花"盖在晚秋也。

洪迈《容斋三笔·七》云：

唐昭宗光化三年（900）十二月左补阙韦庄奏："词人才子，时有遗贤。不沾一命于圣明，没作千年之恨骨。据臣所知，则有李贺、皇甫松、李群玉、陆龟蒙、赵光远、温庭筠、刘德仁、陆逵、傅锡、平曾、贾岛、刘稚圭、罗邺、方干，俱无显过，皆有奇

---

① 灵宝县：今灵宝市。

才。丽句清词，遍在词人之口。衔冤抱恨，竟为冥路之尘。伏望追赐及第各赠补阙拾遗。现存惟罗隐一人，亦乞特赐科名，录升三署。"敕奖庄而令中书门下详酌处分。

此事正史失载。按其时适有内难，虽旋归平定，庄所陈或因之被恝置^①也。

贺诗今存二百四十一首。

——《清华大学学报（自然科学版）》1935 年 04 期

---

① 恝置（jiá zhì）：淡然置之，不加理会。

李贺诗选

江南曲

汀洲白蘋草，柳恽乘马归。

江头栌树香，岸上蝴蝶飞。

酒杯箬叶露，玉轸蜀桐虚。

朱楼通水陌，沙暖一双鱼。

蜀国弦

枫香晚花静，锦水南山影。

惊石坠猿哀，竹云愁半岭。

凉月生秋浦，玉沙粼粼光。

谁家红泪客，不忍过瞿塘。

追和何谢铜雀妓

佳人一壶酒，秋容满千里。

石马卧新烟，忧来何所似。

歌声且潜弄，陵树风自起。

长裾压高台，泪眼看花机。

难忘曲

夹道开洞门，弱杨低画戟。

帘影竹华起，箫声吹日色。

蜂语绕妆镜，拂蛾学春碧。

乱系丁香梢，满栏花向夕。

塘上行

藕花凉露湿，花缺藕根涩。

飞下雌鸳鸯，塘水声溚溚。

安乐宫

深井桐乌起，尚复牵清水。

未盥邵陵爪，瓶中弄长翠。

新成安乐宫，宫如凤凰翅。

歌回蜡板鸣，左悺提壶使。

绿鬓悲水曲，茱萸别秋子。

神弦别曲

巫山小女隔云别，春风松花山上发。

绿盖独穿香径归，白马花竿前子子。

蜀江风澹水如罗，堕兰谁泛相经过。

南山桂树为君死，云衫残污红脂花。

江南弄

江中绿雾起凉波，天上叠巘红嵯峨。

水风浦云生老竹，渚暝蒲帆如一幅。

鲈鱼千头酒百斛，酒中倒卧南山绿。

吴歈越吟未终曲，江上团团贴寒玉。

上云乐

飞香走红满天春，花龙盘盘上紫云。

三千宫女列金屋，五十弦瑟海上闻。

天江碎碎银沙路，嬴女机中断烟素。

缝舞衣，八月一日君前舞。

章和二年中

云萧索田风拂拂，麦芒如篝黍如粟。

关中父老百领襦，关东吏人乏诟租。

健犊春耕土膏黑，菖蒲丛丛沿水脉。

殷勤为我下田租，百钱携赏丝桐客。

游春漫光坞花白，野林散香神降席。

拜神得寿献天子，七星贯断姮娥死。

公莫舞歌

方花古础排九楹，刺豹淋血盛银罂。

华筵鼓吹无桐竹，长刀直立割鸣筝。

横楣粗锦生红纬，日炙锦嫣王未醉。

腰下三看宝玦光，项庄掉箭拦前起。

材官小臣公莫舞，座上真人赤龙子。

芒砀云瑞抱天回，咸阳王气清如水。

铁枢铁楗重束关，大旗五丈撞双环。

汉王今日须秦印，绝膑刳肠臣不论。

拂舞歌辞

吴娥声绝天，空云闲徘徊。

门外满车马，亦须生绿苔。

樽有乌程酒，劝君千万寿。

全胜汉武锦楼上，晓望晴寒饮花露。

东方日不破，天光无老时。

丹成作蛇乘白雾，千年重化玉井土。

从蛇作土二千载，吴堤绿草年年在。

背有八卦称神仙，邪鳞顽甲滑腥涎。

湘妃

筠竹千年老不死，长伴秦娥盖湘水。

蛮娘吟弄满寒空，九山静绿泪花红。

离鸾别凤烟梧中，巫云蜀雨遥相通。

幽愁秋气上青枫，凉夜波间吟古龙。

走马引

我有辞乡剑，玉锋堪截云。

襄阳走马客，意气自生春。

朝嫌剑花净，暮嫌剑光冷。

能持剑向人，不解持照身。

少年乐

芳草落花如锦地，二十长游醉乡里。

红缨不动白马骄,垂柳金丝香拂水。

吴娥未笑花不开,绿鬓耸堕兰云起。

陆郎倚醉牵罗袂,夺得宝钗金翡翠。

浩歌

南风吹山作平地,帝遣天吴移海水。

王母桃花千遍红,彭祖巫咸几回死。

青毛骢马参差钱,娇春杨柳含细烟。

筝人劝我金屈卮,神血未凝身问谁。

不须浪饮丁都护,世上英雄本无主。

买丝绣作平原君,有酒唯浇赵州土。

漏催水咽玉蟾蜍,卫娘发薄不胜梳。

看见秋眉换新绿,二十男儿那刺促。

李夫人

紫皇宫殿重重开,夫人飞入琼瑶台。

绿香绣帐何时歇,青云无光宫水咽。

翩联桂花坠秋月,孤鸾惊啼商丝发。

红壁阑珊悬佩珰,歌台小妓遥相望。

玉蟾滴水鸡人唱,露华兰叶参差光。

古邺城童子谣效王粲刺曹操

邺城中，暮尘起。探黑丸，斫文吏。

棘为鞭，虎为马。团团走，邺城下。

切玉剑，射日弓。献何人，奉相公。

扶毂来，关右儿。香扫途，相公归。

李凭箜篌引

吴丝蜀桐张高秋，空山凝云颓不流。

江娥啼竹素女愁，李凭中国弹箜篌。

昆山玉碎凤凰叫，芙蓉泣露香兰笑。

十二门前融冷光，二十三丝动紫皇。

女娲炼石补天处，石破天惊逗秋雨。

梦入神山教神妪，老鱼跳波瘦蛟舞。

吴质不眠倚桂树，露脚斜飞湿寒兔。

残丝曲

垂杨叶老莺哺儿，残丝欲断黄蜂归。

绿鬓年少金钗客，缥粉壶中沉琥珀。

花台欲暮春辞去，落花起作回风舞。

榆荚相催不知数，沈郎青钱夹城路。

还自会稽歌

野粉椒壁黄，湿萤满梁殿。

台城应教人，秋衾梦铜辇。

吴霜点归鬓，身与塘蒲晚。

脉脉辞金鱼，羁臣守迍贱。

出城寄权璩杨敬之

草暖云昏万里春，宫花拂面送行人。

自言汉剑当飞去，何事还车载病身？

同沈驸马赋得御沟水

入苑白泱泱，宫人正靥黄。

绕堤龙骨冷，拂岸鸭头香。

别馆惊残梦，停杯泛小觞。

幸因流浪处，暂得见何郎。

始为奉礼忆昌谷山居

扫断马蹄痕，衙回自闭门。

长铖江米熟，小树枣花春。

向壁悬如意，当帘阅角巾。

犬书曾去洛，鹤病悔游秦。

土甀封茶叶，山杯锁竹根。

不知船上月，谁棹满溪云。

送沈亚之歌

吴兴才人怨春风，桃花满陌千里红。

紫丝竹断骢马小，家住钱塘东复东。

白藤交穿织书笈，短策齐裁如梵夹。

雄光宝矿献春卿，烟底蓦波乘一叶。

春卿拾才白日下，掷置黄金解龙马。

携笈归江重入门，劳劳谁是怜君者。

吾闻壮夫重心骨，古人三走无摧捽。

请君待旦事长鞭，他日还辕及秋律。

春坊正字剑子歌

先辈匣中三尺水，曾入吴潭斩龙子。

隙月斜明刮露寒，练带平铺吹不起。

蛟胎皮老蒺藜刺，鸊鹈淬花白鹇尾。

直是荆轲一片心，莫教照见春坊字。

挼丝团金悬麗騴，神光欲截蓝田玉。

提出西方白帝惊，嗷嗷鬼母秋郊哭。

贵公子夜阑曲

袅袅沉水烟，乌啼夜阑景。

曲沼芙蓉波，腰围白玉冷。

大堤曲

妾家住横塘，红纱满桂香。

青云教绾头上髻，明月与作耳边珰。

莲风起，江畔春。大堤上，留北人。

郎食鲤鱼尾，妾食猩猩唇。

莫指襄阳道，绿浦归帆少。

今日菖蒲花，明朝枫树老。

梦天

老兔寒蟾泣天色，云楼半开壁斜白。

玉轮轧露湿团光，鸾珮相逢桂香陌。

黄尘清水三山下，更变千年如走马。

遥望齐州九点烟，一泓海水杯中泻。

绿章封事

青霓扣额呼宫神，鸿龙玉狗开天门。

石榴花发满溪津，溪女洗花染白云。

绿章封事谙元父，六街马蹄浩无主。

虚空风气不清冷，短衣小冠作尘土。

金家香巷千轮鸣，扬雄秋室无俗声。

愿携汉戟招书鬼，休令恨骨填蒿里。

河南府试十二月乐词

正月

上楼迎春新春归，暗黄著柳宫漏迟。

薄薄淡霭弄野姿，寒绿幽风生短丝。

锦床晓卧玉肌冷，露脸未开对朝暝。

官街柳带不堪折，早晚菖蒲胜绾结。

二月

二月饮酒采桑津，宜男草生兰笑人，蒲如交剑风如薰。

劳劳胡燕怨酣春，薇帐逗烟生绿尘，金翘峨髻愁暮云。

沓飒起舞真珠裙，津头送别唱流水，酒客背寒南山死。

三月

东方风来满眼春，花城柳暗愁杀人。

复宫深殿竹风起，新翠舞衿净如水。

光风转蕙百余里，暖雾驱云扑天地。

军装宫妓扫蛾浅，摇摇锦旗夹城暖。

曲水飘香去不归，梨花落尽成秋苑。

四月

晓凉暮凉树如盖，千山浓绿生云外。

依微香雨青氛氲，腻叶蟠花照曲门。

金塘闲水摇碧漪，老景沉重无惊飞，堕红残萼暗参差。

五月

雕玉押帘额，轻縠笼虚门。

井汲铅华水，扇织鸳鸯纹。

回雪舞凉殿，甘露洗空绿。

罗袖从徊翔，香汗沾宝粟。

六月

裁生罗，伐湘竹，帔拂疏霜簟秋玉。

炎炎红镜东方开，晕如车轮上徘徊，啾啾赤帝骑龙来。

七月

星依云渚冷，露滴盘中圆。

好花生木末，衰蕙愁空园。

夜天如玉砌，池叶极青钱。

仅厌舞衫薄，稍知花簟寒。

晓风何拂拂，北斗光阑干。

八月

孀妾怨长夜，独客梦归家。

傍檐虫缉丝，向壁灯垂花。

帘外月光吐，帘内树影斜。

悠悠飞露姿，点缀池中荷。

九月

离宫散萤天似水，竹黄池冷芙蓉死。

月缀金铺光脉脉，凉苑虚庭空澹白。

露花飞飞风草草，翠锦斓斑满层道。

鸡人罢唱晓珑璁，鸦啼金井下疏桐。

十月

玉壶银箭稍难倾，缸花夜笑凝幽明。

碎霜斜舞上罗幕，烛笼两行照飞阁。

珠帷怨卧不成眠，金凤刺衣著体寒，长眉对月斗弯环。

十一月

宫城团回凛严光，白天碎碎堕琼芳。

挝钟高饮千日酒，战却凝寒作君寿。

御沟泉合如环素，火井温泉在何处。

十二月

日脚淡光红洒洒，薄霜不销桂枝下。

依稀和气排冬严，已就长日辞长夜。

闰月

帝重光，年重时，

七十二候回环推，天官玉琯灰剩飞。

今岁何长来岁迟，王母移桃献天子，羲氏和氏迁龙辔。

天上谣

天河夜转漂回星，银浦流云学水声。

玉宫桂树花未落，仙妾采香垂珮缨。

秦妃卷帘北窗晓，窗前植桐青凤小。

王子吹笙鹅管长，呼龙耕烟种瑶草。

粉霞红绶藕丝裙，青洲步拾兰苔春。

东指羲和能走马，海尘新生石山下。

帝子歌

洞庭帝子一千里，凉风雁啼天在水。

九节菖蒲石上死，湘神弹琴迎帝子。

山头老桂吹古香，雌龙怨吟寒水光。

沙浦走鱼白石郎，闲取真珠掷龙堂。

秦王饮酒

秦王骑虎游八极，剑光照空天自碧。

羲和敲日玻璃声，劫灰飞尽古今平。

龙头泻酒邀酒星，金槽琵琶夜枨枨。

洞庭雨脚来吹笙，酒酣喝月使倒行。

银云栉栉瑶殿明，宫门掌事报一更。

花楼玉凤声娇狞，海绡红文香浅清。

黄鹅跌舞千年觥，仙人烛树蜡烟轻，清琴醉眼泪泓泓。

南园十三首

其二

宫北田塍晓气酣，黄桑饮露窣宫帘。

长腰健妇偷攀折，将喂吴王八茧蚕。

其四

三十未有二十余，白日长饥小甲蔬。

桥头长老相哀念，因遗戎韬一卷书。

其十

边让今朝忆蔡邕，无心裁曲卧春风。

舍南有竹堪书字，老去溪头作钓翁。

其十二

松溪黑水新龙卵，桂洞生硝旧马牙。

谁遣虞卿裁道帔，轻绡一匹染朝霞。

其十三

小树开朝径，长茸湿夜烟。

柳花惊雪浦，麦雨涨溪田。

古刹疏钟度，遥岚破月悬。

沙头敲石火，烧竹照渔船。

金铜仙人辞汉歌

茂陵刘郎秋风客，夜闻马嘶晓无迹。

画栏桂树悬秋香，三十六宫土花碧。

魏官牵车指千里，东关酸风射眸子。

空将汉月出宫门，忆君清泪如铅水。

衰兰送客咸阳道，天若有情天亦老。

携盘独出月荒凉，渭城已远波声小。

黄头郎

黄头郎，捞拢去不归。

南浦芙蓉影，愁红独自垂。

水弄湘娥珮，竹啼山露月。

玉瑟调青门，石云湿黄葛。

沙上蘼芜花，秋风已先发。

好持扫罗荐，香出鸳鸯热。

伤心行

咽咽学楚吟，病骨伤幽素。

秋姿白发生，木叶啼风雨。

灯青兰膏歇，落照飞蛾舞。

古壁生凝尘，羁魂梦中语。

湖中曲

长眉越沙采兰若，桂叶水蕻春漠漠。

横船醉眠白昼闲，渡口梅风歌扇薄。

燕钗玉股照青渠，越王娇郎小字书。

蜀纸封巾报云鬟，晚漏壶中水淋尽。

黄家洞

雀步蹙沙声促促，四尺角弓青石镞。

黑幡三点铜鼓鸣，高作猿啼摇箭箙。

彩巾缠踍幅半斜，溪头簇队映葛花。

山潭晚雾吟白鼍，竹蛇飞蠹射金沙。

闲驱竹马缓归家，官军自杀容州槎。

南山田中行

秋野明，秋风白，塘水漻漻虫啧啧。

云根苔藓山上石，冷红泣露娇啼色。

荒畦九月稻叉牙，蛰萤低飞陇径斜。

石脉水流泉滴沙，鬼灯如漆点松花。

贵主征行乐

奚骑黄铜连锁甲，罗旗香干金画叶。

中军留醉河阳城，娇嘶紫燕踏花行。

春营骑将如红玉，走马捎鞭上空绿。

女垣素月角咿咿，牙帐未开分锦衣。

酒罢张大彻索赠诗

长鬣张郎三十八，天遣裁诗花作骨。

往还谁是龙头人，公主遣秉鱼须笏。

水行青草上白衫，匣中章奏密如蚕。

金门石阁知卿有，豸角鸡香早晚含。

陇西长吉摧颓客，酒阑感觉中区窄。

葛衣断碎赵城秋，吟诗一夜东方白。

罗浮山人与葛篇

依依宜织江雨空，雨中六月兰台风。

博罗老仙时出洞，千岁石床啼鬼工。

蛇毒浓凝洞堂湿，江鱼不食衔沙立。

欲剪湘中一尺天，吴娥莫道吴刀涩。

宫娃歌

蜡光高悬照纱空，花房夜捣红守宫。

象口吹香毵毵暖，七星挂城闻漏板。

寒入罘罳殿影昏，彩鸾帘额著霜痕。

啼蛄吊月钩栏下，屈膝铜铺锁阿甄。

梦入家门上沙渚，天河落处长洲路。

愿君光明如太阳，放妾骑鱼撇波去。

堂堂

堂堂复堂堂，红脱梅灰香。

十年粉蠹生画梁，饥虫不食摧碎黄。

蕙花已老桃叶长，禁院悬帘隔御光。

华清源中礜石汤，徘徊白凤随君王。

致酒行

零落栖迟一杯酒，主人奉觞客长寿。

主父西游困不归，家人折断门前柳。

吾闻马周昔作新丰客，天荒地老无人识。

空将笺上两行书，直犯龙颜请恩泽。

我有迷魂招不得，雄鸡一声天下白。

少年心事当拿云，谁念幽寒坐呜呃。

长歌续短歌

长歌破衣襟，短歌断白发。

秦王不可见，且夕成内热。

渴饮壶中酒，饥拔陇头粟。

凄凉四月阑，千里一时绿。

夜峰何离离，明月落石底。

徘徊沿石寻，照出高峰外。

不得与之游，歌成鬓先改。

昌谷北园新笋四首

其一

箨落长竿削玉开，君看母笋是龙材。

更容一夜抽千尺，别却池园数寸泥。

其三

家泉石眼两三茎，晓看阴根紫陌生。

今年水曲春沙上，笛管新篁拔玉青。

其四

古竹老梢惹碧云，茂陵归卧叹清贫。

风吹千亩迎雨啸，鸟重一枝入酒樽。

感讽五首

其二

奇俊无少年，日车何躃躃。

我待纡双绶，遗我星星发。

都门贾生墓，青蝇久断绝。

寒食摇扬天，愤景长肃杀。

皇汉十二帝，惟帝称睿哲。

一夕信竖儿，文明永沦歇。

其四

星尽四方高，万物知天曙。

已生须已养，荷担出门去。

君平久不反，康伯遁国路。

晓思何诡诡，阛阓千人语。

其五

石根秋水明，石畔秋草瘦。

侵衣野竹香，蛰蛰垂叶厚。

岑中月归来，蟾光挂空秀。

桂露对仙娥，星星下云逗。

凄凉栀子落，山璺泣清漏。

下有张仲蔚，披书案将朽。

三月过行宫

渠水红繁拥御墙，风娇小叶学娥妆。

垂帘几度青春老，堪锁千年白日长。

送秦光禄北征

北虏胶堪折，秋沙乱晓鬐。

髯胡频犯塞，骄气似横霓。

灞水楼船渡，营门细柳开。

将军驰白马，豪彦骋雄材。

箭射欃枪落，旗悬日月低。

榆稀山易见，甲重马频嘶。

天远星光没，沙平草叶齐。

风吹云路火，雪污玉关泥。

屡断呼韩颈，曾燃董卓脐。

太常犹旧宠，光禄是新隮。

宝玦麒麟起，银壶䨲狄啼。

桃花连马发，彩絮扑鞍来。

呵臂悬金斗，当唇注玉罍。

清苏和碎蚁，紫腻卷浮杯。

虎鞹先蒙马，鱼肠且断犀。

逡遭西旅狗，蹙额北方奚。

守帐然香暮，看鹰永夜栖。

黄龙就别镜，青冢念阳台。

周处长桥役，侯调短弄哀。

钱塘阶凤羽，正室擘鸾钗。

内子攀琪树，羌儿奏落梅。

今朝擎剑去，何日刺蛟回。

酬答二首

其一

金鱼公子夹衫长，密装腰鞓割玉方。

行处春风随马尾，柳花偏打内家香。

其二

雍州二月梅池春，御水鸂鶒暖白蘋。

试问酒旗歌板地，今朝谁是拗花人。

画角东城

河转曙萧萧，鸦飞睥睨高。

帆长摽越甸，壁冷挂吴刀。

淡菜生寒日，鲥鱼溅白涛。

水花沾抹额，旗鼓夜迎潮。

谢秀才有妾缟练，改从于人，秀才引留之不得，后生感忆，座人制诗嘲诮，贺复继四首

其一

谁知泥忆云，望断梨花春。

荷丝制机练，竹叶剪花裙。

月明啼阿姐，灯暗会良人。

也识君夫婿，金鱼挂在身。

其二

铜镜立青鸾，燕脂拂紫绵。

腮花弄暗粉，眼尾泪侵寒。

碧玉破不复，瑶琴重拨弦。

今日非昔日，何人敢正看。

其三

洞房思不禁，蜂子作花心。

灰暖残香炷，发冷青虫簪。

夜遥灯焰短，睡熟小屏深。

好作鸳鸯梦，南城罢捣砧。

其四

寻常轻宋玉，今日嫁文鸳。

戟干横龙簴，刀环倚桂窗。

邀人裁半袖，端坐据胡床。

泪湿红轮重，栖乌上井梁。

巴童答

巨鼻宜山褐，庞眉入苦吟。
非君唱乐府，谁识怨秋深。

追赋画江潭苑四首

其一

吴苑晓苍苍，宫衣水溅黄。
小鬟红粉薄，骑马珮珠长。
路指台城迥，罗薰裤褶香。
行云沾翠辇，今日似襄王。

其二

宝袜菊衣单，蕉花密露寒。
水光兰泽叶，重带剪刀钱。
角暖盘弓易，靴长上马难。
泪痕沾寝帐，匀粉照金鞍。

其三

剪翅小鹰斜，绦根玉镟花。
秋垂妆钿粟，箭箙钉文牙。
鸜鸜啼深竹，鵁鶄老湿沙。

宫官烧蜡火，飞烬污铅华。

其四

十骑簇芙蓉，宫衣小队红。

练香熏宋鹊，寻箭踏卢龙。

旗湿金铃重，霜干玉镫空。

今朝画眉早，不待景阳钟。

潞州张大宅病酒遇江使寄上十四兄

秋至昭关后，当知赵国寒。

系书随短羽，写恨破长笺。

病客眠清晓，疏桐坠绿鲜。

城鸦啼粉堞，军吹压芦烟。

岸帻褰纱幌，枯塘卧折莲。

木窗银迹画，石磴水痕钱。

旅酒侵愁肺，离歌绕懦弦。

诗封两条泪，露折一枝兰。

莎老沙鸡泣，松干瓦兽残。

觉骑燕地马，梦载楚溪船。

椒桂倾长席，鲈鲂斫玳筵。

岂能忘旧路，江岛滞佳年。

夜饮朝眠曲

觥醁出座东方高，腰横半解星劳劳。

柳花鸦啼公主醉，薄露压花蕙兰气。

玉转湿丝牵晓水；热粉生香琅玕紫。

夜饮朝眠断无事，楚罗之帏卧皇子。

王濬墓下作

人间无阿童，犹唱水中龙。

白草侵烟死，秋藜绕地红。

古书平黑石，神剑断青铜。

耕势鱼鳞起，坟科马鬣封。

菊花垂湿露，棘径卧干蓬。

松柏愁香涩，南原几夜风。

崇义里滞雨

落漠谁家子，来感长安秋。

壮年抱羁恨，梦泣生白头。

瘦马秣败草，雨沫飘寒沟。

南宫古帘暗，湿景传签筹。

家山远千里，云脚天东头。

忧眠枕剑匣，客帐梦封侯。

冯小怜

湾头见小怜，请上琵琶弦。

破得东风恨，今朝值几钱。

裙垂竹叶带，鬓湿杏花烟。

玉冷红丝重，齐宫驾妾鞭。

赠陈商

长安有男儿，二十心已朽。

楞伽堆案前，楚辞系肘后。

人生有穷拙，日暮聊饮酒。

只今道已塞，何必须白首。

凄凄陈述圣，披褐钮俎豆。

学为尧舜文，时人责衰偶。

柴门车辙冻，日下榆影瘦。

黄昏访我来，苦节青阳皱。

太华五千仞，劈地抽森秀。

旁苦无寸寻，一上戛牛斗。

公卿纵不怜，宁能锁吾口。

李生师太华，大坐看白昼。

逢霜作朴樕，得气为春柳。

礼节乃相去，憔悴如刍狗。

风雪直斋坛，墨组贯铜绶。

臣妾气态间，唯欲承箕帚。

天眼何时开，古剑庸一吼。

钓鱼诗

秋水钓红渠，仙人待素书。

菱丝萦独茧，菰米蛰双鱼。

斜竹垂清沼，长纶贯碧虚。

饵悬春蜥蜴，钩坠小蟾蜍。

詹子情无限，龙阳恨有余。

为看烟浦上，楚女泪沾裾。

奉和二兄罢使遣马归延州

空留三尺剑，不用一丸泥。

马向沙场去，人归故国来。

笛愁翻陇水，酒喜沥春灰。

锦带休惊雁，罗衣向斗鸡。

还吴已渺渺，入郢莫凄凄。

自是桃李树，何患不成蹊。

答赠

本是张公子，曾名萼绿华。

沉香熏小像，杨柳伴啼鸦。

露重金泥冷，杯阑玉树斜。

琴堂沽酒客，新买后园花。

题赵生壁

大妇然竹根，中妇舂玉屑。

冬暖拾松枝，日烟生蒙灭。

木藓青桐老，石泉水声发。

曝背卧东亭，桃花满肌骨。

河阳歌

染罗衣，秋蓝难着色。

不是无心人，为作台邛客。

花烧中潬城，颜郎身已老。

惜许两少年，抽心似春草。

今日见银牌，今夜鸣玉宴。

牛头高一尺，隔坐应相见。

月从东方来，酒从东方转。

觥船饫口红，蜜炬千枝烂。

牡丹种曲

莲枝未长秦蘅老，走马驮金屧春草。

水灌香泥却月盆，一夜绿房迎白晓。

美人醉语园中烟，晚花已散蝶又阑。

梁王老去罗衣在，拂袖风吹蜀国弦。

归霞帔拖蜀帐昏，嫣红落粉罢承恩。

檀郎谢女眠何处，楼台月明燕夜语。

开愁歌

秋风吹地百草干，华容碧影生晚寒。

我当二十不得意，一心愁谢如枯兰。

衣如飞鹑马如狗，临岐击剑生铜吼。

旗亭下马解秋衣，请贳宜阳一壶酒。

壶中唤天云不开，白昼万里闲凄迷。

主人劝我养心骨，莫受俗物相填豗。

秦宫诗

越罗衫袂迎春风，玉刻麒麟腰带红。

楼头曲宴仙人语，帐底吹笙香雾浓。

人间酒暖春茫茫，花枝入帘白日长。

飞窗复道传筹饮，十夜铜盘腻烛黄。

秃襟小袖调鹦鹉，紫绣麻鞋踏哮虎。

斫桂烧金待晓筵，白鹿青酥夜半煮。

桐英永巷骑新马，内屋深屏生色画。

开门烂用水衡钱，卷起黄河向身泻。

皇天厄运犹曾裂，秦宫一生花底活。

鸾篦夺得不还人，醉睡氍毹满堂月。

杨生青花紫石砚歌

端州石工巧如神，踏天磨刀割紫云。

佣刓抱水含满唇，暗洒苌弘冷血痕。

纱帷昼暖墨花春，轻沤漂沫松麝薰。

干腻薄重立脚匀，数寸光秋无日昏。

圆毫促点声静新，孔砚宽顽何足云。

石城晓

月落大堤上，女垣栖乌起。

细露湿团红，寒香解夜醉。

女牛渡天河，柳烟满城曲。

上客留断缨，残蛾斗双绿。

春帐依微蝉翼罗，横茵突金隐体花。

帐前轻絮鹅毛起，欲说春心无所似。

春归昌谷

束发方读书，谋身苦不早。

终军未乘传，颜子鬓先老。

天网信崇大，矫士常慅慅。

逸目骄甘华，羁心如荼蓼。

旱云二三月，岑岫相颠倒。

谁揭赪玉盘，东方发红照。

春热张鹤盖，兔目官槐小。

思焦面如病，尝胆肠似绞。

京国心烂漫，夜梦归家少。

发轫东门外，天地皆浩浩。

青树骊山头，花风满秦道。

宫台光错落，装画偏峰峤。

细绿及团红，当路杂啼笑。

香气下高广，鞍马正华耀。

独乘鸡栖车，自觉少风调。

心曲语形影，只身焉足乐。

岂能脱负担，刻鹄曾无兆。

幽幽太华侧，老柏如建纛。

龙皮相排戛，翠羽更荡掉。

驱趋委憔悴，眺览强笑貌。

花蔓阁行辀，縠烟暝深徼。

少健无所就，入门愧家老。

听讲依大树，观书临曲沼。

知非出柙虎，甘作藏雾豹。

韩鸟处缯缴，湘纟条在笼罩。

狭行无廓路，壮士徒轻躁。

铜驼悲

落魄三月罢，寻花去东家。

谁作送春曲，洛岸悲铜驼。

桥南多马客，北山饶古人。

客饮杯中酒，驼悲千万春。

生世莫徒劳，风吹盘上烛。

厌见桃株笑，铜驼夜来哭。

自昌谷到洛后门

九月大野白，苍岑竦秋门。

寒凉十月末，雪霰蒙晓昏。

澹色结昼天，心事填空云。

道上千里风，野竹蛇涎痕。

石涧冻波声，鸡叫清寒晨。

强行到东舍，解马投旧邻。

东家名廖者，乡曲传姓辛。

杖头非饮酒，吾请造其人。

始欲南去楚，又将西适秦。

襄王与武帝，各自留青春。

闻道兰台上，宋玉无归魂。

缃缥两行字，蛰虫蠹秋芸。

为探秦台意，岂命余负薪。

七月一日晓入太行山

一夕绕山秋，香露溘蒙绿。

新桥倚云阪，候虫嘶露朴。

洛南今已远，越衾谁为熟。

石气何凄凄，老莎如短镞。

秋凉诗寄正字十二兄

闭门感秋风，幽姿任契阔。

大野生素空，天地旷肃杀。

露光泣残蕙，虫响连夜发。

房寒寸辉薄，迎风绛纱折。

披书古芸馥，恨唱华容歇。

百日不相知，花光变凉节。

弟兄谁念虑，笺翰既通达。

青袍度白马，草简奏东阙。

梦中相聚笑，觉见半床月。

长思剧循环，乱忧抵覃葛。

艾如张

锦襜褕，绣裆襦。强饮啄，哺尔雏。

陇东卧穟满风雨，莫信笼媒陇西去。

齐人织网如素空，张在野田平碧中。

网丝漠漠无形影，误尔触之伤首红。

艾叶绿花谁剪刻，中藏祸机不可测。

摩多楼子

玉塞去金人，二万四千里。

风吹沙作云，一时渡辽水。

天白水如练，甲丝双串断。

行行莫苦辛，城月犹残半。

晓气朔烟上，趦趄胡马蹄。

行人临水别，隔陇长东西。

夜坐吟

踏踏马蹄谁见过，眼看北斗直天河，西风罗幕生翠波。

铅华笑妾颦青蛾，为君起唱长相思，帘外严霜皆倒飞。

明星烂烂东方陲，红霞稍出东南涯，陆郎去矣乘班骓。

箜篌引

公乎公乎，提壶将焉如。

屈平沉湘不足慕，徐衍入海诚为愚。

公乎公乎，床有菅席盘有鱼。

北里有贤兄，东邻有小姑。

陇亩油油黍与葫，瓦甒浊醪蚁浮浮。

黍可食，醪可饮，公乎公乎其奈居。

被发奔流竟何如，贤兄小姑哭呜呜。

巫山高

碧丛丛，高插天，大江翻澜神曳烟。

楚魂寻梦风飕然，晓风飞雨生苔钱。

瑶姬一去一千年，丁香筇竹啼老猿。

古祠近月蟾桂寒，椒花坠红湿云间。

平城下

饥寒平城下，夜夜守明月。

别剑无玉花，海风断鬓发。

塞长连白空，遥见汉旗红。

青帐吹短笛，烟雾湿画龙。

日晚在城上，依稀望城下。

风吹枯蓬起，城中嘶瘦马。

借问筑城吏，去关几千里？

惟愁裹尸归，不惜倒戈死。

相劝酒

羲和骋六辔，昼夕不曾闲。

弹乌崦嵫竹，抶马蟠桃鞭。

薄收既断翠柳，青帝又造红兰。

尧舜至今万万岁，数子将为倾盖间。

青钱白璧买无端，丈夫快意方为欢。

膻螭腥熊何足云。

会须钟饮北海，箕踞南山。

歌淫淫，管愔愔，横波好送雕题金。

人生得意且如此，何用强知元化心。

相劝酒，终无辍。

伏愿陛下鸿名终不歇，子孙绵如石上葛。

来长安，车骈骈。

中有梁冀旧宅，石崇故园。

北中寒

一方黑照三方紫，黄河冰合鱼龙死。

三尺木皮断文理，百石强车上河水。

霜花草上大如钱，挥刀不入迷濛天。

争漟海水飞凌喧，山瀑无声玉虹悬。

梁台古意

梁王台沼空中立，天河之水夜飞入。

台前斗玉作蛟龙，绿粉扫天愁露湿。

撞钟饮酒行射天，金虎蹙裘喷血斑。

朝朝暮暮愁海翻，长绳系日乐当年。

芙蓉凝红得秋色，兰脸别春啼脉脉。

芦洲客雁报春来，寥落野湟秋漫白。

沙路曲

柳脸半眠丞相树，珮马钉铃踏沙路。

断烬遗香袅翠烟，烛骑啼鸣上天去。

帝家玉龙开九关，帝前动笏移南山。

独垂重印押千官，金窠篆字红屈盘。

沙路归来闻好语，旱火不光天下雨。

上之回

上之回，大旗喜。悬红云，挞凤尾。

剑匣破，舞蛟龙。蚩尤死，鼓逢逢。

天高庆雷齐坠地，地无惊烟海千里。

贝宫夫人

丁丁海女弄金环，雀钗翘揭双翅关。

六宫不语一生闲，高悬银榜照青山。

长眉凝绿几千年，清凉堪老镜中鸾。

秋肌稍觉玉衣寒，空光帖妥水如天。

兰香神女庙

古春年年在，闲绿摇暖云。

松香飞晚华，柳渚含日昏。

沙砌落红满，石泉生水芹。

幽篁画新粉，蛾绿横晓门。

弱蕙不胜露，山秀愁空春。

舞珮剪鸾翼，帐带涂轻银。

兰桂吹浓香，菱藕长莘莘。

看雨逢瑶姬，乘船值江君。

吹箫饮酒醉，结绶金丝裙。

走天呵白鹿，游水鞭锦鳞。

密发虚鬟飞，腻颊凝花匀。

团鬓分珠窠，浓眉笼小唇。

弄蝶和轻妍，风光怯腰身。

深帏金鸭冷，奁镜幽凤尘。

踏雾乘风归，撼玉山上门。

送韦仁实兄弟入关

送客饮别酒，千觞无赭颜。

何物最伤心，马首鸣金环。

野色浩无主，秋明空旷间。

坐来壮胆破，断目不能看。

行槐引西道，青梢长攒攒。

韦郎好兄弟，叠玉生文翰。

我在山上舍，一亩蒿硗田。

夜雨叫租吏，春声暗交关。

谁解念劳劳，苍突唯南山。

长平箭头歌

漆灰骨末丹水砂，凄凄古血生铜花。

白翎金簳雨中尽，直余三脊残狼牙。

我寻平原乘两马，驿东石田蒿坞下。

风长日短星萧萧，黑旗云湿悬空夜。

左魂右魄啼肌瘦，酪瓶倒尽将羊炙。

虫栖雁病芦笋红，回风送客吹阴火。

访古汍澜收断镞，折锋赤璺曾封肉。

南陌东城马上儿，劝我将金换簝竹。

江楼曲

楼前流水江陵道，鲤鱼风起芙蓉老。

晓钗催鬓语南风，抽帆归来一日功。

鼍吟浦口飞梅雨，竿头酒旗换青苎。

萧骚浪白云差池，黄粉油衫寄郎主。

新槽酒声苦无力，南湖一顷菱花白。

眼前便有千里思，小玉开屏见山色。

塞下曲

胡角引北风，蓟门白于水。

天含青海道，城头月千里。

露下旗蒙蒙，寒金鸣夜刻。

蕃甲镍蛇鳞，马嘶青冢白。

秋静见旄头，沙远席羁愁。

帐北天应尽，河声出塞流。

五粒小松歌

蛇子蛇孙鳞蜿蜿，新香几粒洪崖饭。

绿波浸叶满浓光，细束龙髯铰刀剪。

主人壁上铺州图，主人堂前多俗儒。

月明白露秋泪滴，石笋溪云肯寄书。

吕将军歌

吕将军，骑赤兔。

独携大胆出秦门，金粟堆边哭陵树。

北方逆气污青天，剑龙夜叫将军闲。

将军振袖拂剑锷，玉阙朱城有门阁。

榾榾银龟摇白马，傅粉女郎火旗下。

恒山铁骑请金枪，遥闻箙中花箭香。

西郊寒蓬叶如刺，皇天新栽养神骥。

厩中高桁排蹇蹄，饱食青刍饮白水。

圆苍低迷盖张地，九州人事皆如此。

赤山秀铤御时英，绿眼将军会天意。

美人梳头歌

西施晓梦绡帐寒，香鬟堕髻半沉檀。

辘轳咿哑转鸣玉，惊起芙蓉睡新足。

双鸾开镜秋水光，解鬟临镜立象床。

一编香丝云撒地，玉钗落处无声腻。

纤手却盘老鸦色，翠滑宝钗簪不得。

春风烂熳恼娇慵，十八鬟多无气力。

妆成鬋髻欹不斜，云裾数步踏雁沙。

背人不语向何处，下阶自折樱桃花。

月漉漉篇

月漉漉，波烟玉。

莎青桂花繁，芙蓉别江木。

粉态袂罗寒，雁羽铺烟湿。

谁能看石帆，乘船镜中入。

秋白鲜红死，水香莲子齐。

挽菱隔歌袖，绿刺罥银泥。

京城

驱马出门意，牢落长安心。

两事向谁道，自作秋风吟。

官街鼓

晓声隆隆催转日，暮声隆隆呼月出。

汉城黄柳映新帘，柏陵飞燕埋香骨。

磓发千年日长白，孝武秦皇听不得。

从君翠发芦花色，独共南山守中国。

几回天上葬神仙，漏声相将无断绝。

许公子郑姬歌

许史世家外亲贵，宫锦千端买沉醉。

铜驼酒熟烘明胶，古堤大柳烟中翠。

桂开客花名郑袖，入洛闻香鼎门口。

先将芍药献妆台，后解黄金大如斗。

莫愁帘中许合欢，清弦五十为君弹。

弹声咽春弄君骨，骨兴牵人马上鞍。

两马八蹄踏兰苑，情如合竹谁能见。

夜光玉枕栖凤凰，夹罗当门刺纯线。

长翻蜀纸卷明君，转角含商破碧云。

自从小靥来东道，曲里长眉少见人。

相如冢上生秋柏，三秦谁是言情客。

蛾鬟醉眼拜诸宗，为谒皇孙请曹植。

新夏歌

晓木千笼真蜡彩，落蕊枯香数分在。

阴枝拳芽卷缥茸，长风回气扶葱茏。

野家麦畦上新垄，长畛徘徊桑柘重。

刺香满地菖蒲草，雨梁燕语悲身老。

三月摇杨入河道，天浓地浓柳梳扫。

经沙苑

野水泛长澜，宫牙开小蒨。

无人柳自春，草渚鸳鸯暖。

晴嘶卧沙马，老去悲啼展。

今春还不归，塞嘤折翅雁。

出城别张又新酬李汉

李子别上国，南山崆峒春。

不闻今夕鼓，差慰煎情人。

赵壹赋命薄，马卿家业贫。

乡书何所报，紫蕨生石云。

长安玉桂国，戟带披侯门。

惨阴地自光，宝马踏晓昏。

腊春戏草苑，玉鞅鸣锒辚。

绿网缒金铃，霞卷清地潲。

开贯泻蚨母，买冰防夏蝇。

时宜裂大被，剑客车盘茵。

小人如死灰，心切生秋榛。

皇图跨四海，百姓拖长绅。

光明霭不发，腰龟徒瞥银。

吾将噪礼乐，声调摩清新。

欲使十千岁，帝道如飞神。

华实自苍老，流来长倾盆。

没没暗齰舌，涕血不敢论。

今将下东道，祭酒而别秦。

六郡无剿儿，长刀谁拭尘。

地理阳无正，快马逐服辕。

二子美年少，调道讲清浑。

讥笑断冬夜，家庭疏篠穿。

曙风起四方，秋月当东悬。

赋诗面投掷，悲哉不遇人。

此别定沾臆，越布先裁巾。

莫愁曲

草生龙坡下，鸦噪城堞头。

何人此城里，城角栽石榴。

青丝系五马，黄金络双牛。

白鱼驾莲船，夜作十里游。

归来无人识，暗上沉香楼。

罗床倚瑶瑟，残月倾帘钩。

今日槿花落，明朝桐树秋。

莫负平生意，何名何莫愁。

白虎行

火乌日暗崩腾云，秦王虎视苍生群。

烧书灭国无暇日，铸剑佩玦惟将军。

玉坛设醮思冲天，一世二世当万年。

烧丹未得不死药，拿舟海上寻神仙。

鲸鱼张鬣海波沸，耕人半作征人鬼。

雄豪气猛如焰烟，无人为决天河水。

谁最苦兮谁最苦，报人义士深相许。

渐离击筑荆卿歌，荆卿把酒燕丹语。

剑如霜兮胆如铁，出燕城兮望秦月。

天授秦封祚未终，衮龙衣点荆卿血。

朱旗卓地白虎死，汉王知是真天子。

高平县东私路

侵侵槲叶香，木花滞寒雨。

今夕山上秋，永谢无人处。

石溪远荒涩，棠实悬辛苦。

古者定幽寻，呼君作私路。

龙夜吟

卷发胡儿眼睛绿，高楼夜静吹横竹。

一声似向天上来，月下美人望乡哭。

直排七点星藏指，暗合清风调宫徵。

蜀道秋深云满林，湘江半夜龙惊起。

玉堂美人边塞情，碧窗皓月愁中听。

寒砧能捣百尺练，粉泪凝珠滴红线。

胡儿莫作陇头吟，隔窗暗结愁人心。

昆仑使者

昆仑使者无消息,茂陵烟树生愁色。

金盘玉露自淋漓,元气茫茫收不得。

麒麟背上石文裂,虬龙鳞下红肢折。

何处偏伤万国心,中天夜久高明月。

听颖师弹琴歌

别浦云归桂花渚,蜀国弦中双凤语。

芙蓉叶落秋鸾离,越王夜起游天姥。

暗珮清臣敲水玉,渡海蛾眉牵白鹿。

谁看挟剑赴长桥,谁看浸发题春竹。

竺僧前立当吾门,梵宫真相眉棱尊。

古琴大轸长八尺,峄阳老树非桐孙。

凉馆闻弦惊病客,药囊暂别龙须席。

请歌直请卿相歌,奉礼官卑复何益。

竹

入水文光动,抽空绿影春。

露华生笋径,苔色拂霜根。

织可承香汗,裁堪钓锦鳞。

三梁曾入用,一节奉王孙。

古悠悠行

白景归西山，碧华上迢迢。

今古何处尽，千岁随风飘。

海沙变成石，鱼沫吹秦桥。

空光远流浪，铜柱从年消。

代崔家送客

行盖柳烟下，马蹄白翩翩。

恐随行处尽，何忍重扬鞭。

莫种树

园中莫种树，种树四时愁。

独睡南床月，今秋似去秋。

将发

东床卷席罢，护落将行去。

秋白遥遥空，日满门前路。

感春

日暖自萧条，花悲北郭骚。

榆穿莱子眼，柳断舞儿腰。

上幕迎神燕，飞丝送百劳。

胡琴今日恨，急语向檀槽。

仙人

弹琴石壁上，翻翻一仙人。

手持白鸾尾，夜扫南山云。

鹿饮寒涧下，鱼归清海滨。

当时汉武帝，书报桃花春。

溪晚凉

白狐向月号山风，秋寒扫云留碧空。

玉烟青湿白如幢，银湾晓转流天东。

溪汀眠鹭梦征鸿，轻涟不语细游溶。

层岫回岑复叠龙，苦篁对客吟歌筒。

题归梦

长安风雨夜，书客梦昌谷。

怡怡中堂笑，小弟栽涧绿。

家门厚重意，望我饱饥腹。

劳劳一寸心，灯花照鱼目。

嘲雪

昨日发葱岭，今朝下兰渚。

喜从千里来，乱笑含春语。

龙沙湿汉旗，凤扇迎秦素。

久别辽城鹤，毛衣已应故。

春怀引

芳蹊密影成花洞，柳结浓烟花带重。

蟾蜍碾玉挂明弓，捍拨装金打仙凤。

宝枕垂云选春梦，钿合碧寒龙脑冻。

阿侯系锦觅周郎，凭仗东风好相送。

绿水词

今宵好风月，阿侯在何处。

为有倾人色，翻成足愁苦。

东湖采莲叶，南湖拔蒲根。

未持寄小姑，且持感愁魂。

神仙曲

碧峰海面藏灵书，上帝拣作神仙居。

晴时笑语闻空虚，斗乘巨浪骑鲸鱼。

春罗剪字邀王母，共宴红楼最深处。

鹤羽冲风过海迟，不如却使青龙去。

犹疑王母不相许，垂雾娃鬟更传语。

唐儿歌

头玉硗硗眉刷翠，杜郎生得真男子。

骨重神寒天庙器，一双瞳人剪秋水。

竹马梢梢摇绿尾，银鸾睒光踏半臂。

东家娇娘求对值，浓笑画空作唐字。

眼大心雄知所以，莫忘作歌人姓李。

春昼

朱城报春更漏转，光风催兰吹小殿。

草细堪梳，柳长如线。

卷衣秦帝，扫粉赵燕。

日含画幕，蜂上罗荐。

平阳花坞，河阳花县。

越妇擉机，吴蚕作茧。

菱汀系带，荷塘倚扇。

江南有情，塞北无限。

洛姝真珠

真珠小娘下清廓，洛苑香风飞绰绰。

寒鬓斜钗玉燕光，高楼唱月敲悬珰。

兰风桂露洒幽翠，红弦袅云咽深思。

花袍白马不归来，浓蛾叠柳香唇醉。

金鹅屏风蜀山梦，鸾裾凤带行烟重。

八骢笼晃脸差移，日丝繁散曛罗洞。

市南曲陌无秋凉，楚腰卫鬓四时芳。

玉喉窱窱排空光，牵云曳雪留陆郎。

荣华乐

鸢肩公子二十余，齿编贝，唇激朱。

气如虹霓，饮如建瓴，

走马夜归叫严更。

径穿复道游椒房，龙裘金玦杂花光。

玉堂调笑金楼子，台下戏学邯郸倡。

口吟舌话称女郎，锦祛绣面汉帝旁。

得明珠十斛，白璧一双，

新诏垂金曳紫光煌煌。

马如飞，人如水，九卿六官皆望履。

将回日月先反掌，欲作江河惟画地。

峨峨虎冠上切云，竦剑晨趋凌紫氛。

绣段千寻贻皂隶，黄金百镒觅家臣。

十二门前张大宅，晴春烟起连天碧。

金铺缀日杂红光，铜龙喈环似争力。

瑶姬凝醉卧芳席，海素笼窗空下隔。

丹穴取凤充行庖，玃玃如拳那足食。

金蟾呀呀兰烛香，军装武妓声琅珰。

谁知花雨夜来过，但见池台春草长。

嘈嘈弦吹匝天开，洪崖箫声绕天来。

天长一矢贯双虎，云弨绝骋聒旱雷。

乱袖交竿管儿舞，吴音绿鸟学言语。

能教刻石平紫金，解送刻毛寄新兔。

三皇后，七贵人，五十校尉二将军。

当时飞去逐彩云，化作今日京华春。

马诗二十三首

其五

大漠沙如雪，燕山月似钩。

何当金络脑，快走踏清秋。

谣俗

上林胡蝶小，试伴汉家君。

飞向南城去，误落石榴裙。

脉脉花满树，翩翩燕绕云。

出门不识路，羞问陌头人。

静女春曙曲

嫩蝶怜芳抱新蕊，泣露枝枝滴天泪。

粉窗香咽颓晓云，锦堆花密藏春睡。

恋屏孔雀摇金尾，莺舌分明呼婢子。

冰洞寒龙半匣水，一只商鸾逐烟起。

休洗红

休洗红，洗多红色浅。

卿卿骋少年，昨日殷桥见。

封侯早归来，莫作弦上箭。

苦篁调啸引

请说轩辕在时事，伶伦采竹二十四。

伶伦采之自昆邱，轩辕诏遣中分作十二。

伶伦以之正音律，轩辕以之调元气。

当时黄帝上天时，二十三管咸相随，

唯留一管人间吹。

无德不能得此管，此管沉埋虞舜祠。